# LA JEUNESSE

DE

# QUATRE HOMMES CÉLÈBRES

---

4e SÉRIE GRAND IN-8o

Un jour qu'il passait un examen devant François Ier et sa sœur, Marguerite de Navarre... (P. 111.)

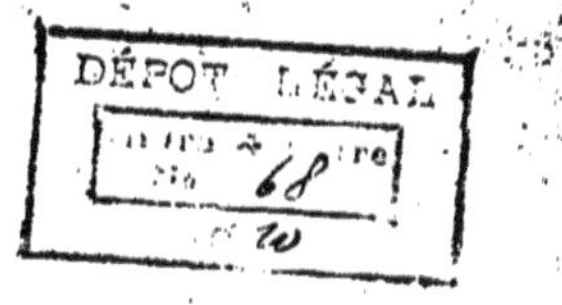


# LA JEUNESSE

DE

# QUATRE HOMMES CÉLÈBRES

TRADUIT DE L'ANGLAIS

PAR Mlle ÉMILIE HOIRY

TOURS

MAISON ALFRED MAME ET FILS

# GASSENDI

## OU LE JEUNE ASTRONOME

# I

## LE CIEL ÉTOILÉ

Par une de ces splendides nuits d'été de la merveilleuse Provence, où l'air est si pur, si transparent, où la lune et les étoiles brillent d'un si vif éclat, qu'on se croirait presque en plein jour, un enfant de huit ans sortit furtivement d'une humble maison du village de Champtercier, et gagna un champ d'oliviers plantés sur le sommet d'une colline, dont il atteignit bientôt le sommet. Là il s'assit sur un rocher qui dominait la vallée.

Que venait-il faire, à cette heure avancée de la nuit, ce petit garçon vêtu en artisan?

Venait-il voler des fruits, ou tendre des pièges pour attraper du gibier prohibé?

Oh! non. Sa physionomie est trop candide, trop joyeuse; elle rayonne d'un enthousiasme trop ardent, pour qu'il ait quitté sa demeure avec de mauvais desseins.

Regardez-le, assis sur la pointe du rocher, les bras croisés, immobile, comme en extase. La terre, endormie sous la douce clarté de la lune, n'attire point ses regards; ils sont obstinément fixés sur le firmament étoilé, dans une muette et délicieuse contemplation.

Absorbé par une méditation profonde, il essaye de résoudre les problèmes non encore résolus, de découvrir ce qui était inconnu de lui-même et de tant d'autres, le cours des astres, leur position et leur révolution dans les cieux; et il se demande s'il ne serait pas possible de les classer et de les décrire.

*
* *

Après avoir observé longtemps, avec la plus grande attention, l'aspect du ciel, il se mit à noter soigneusement quelques observations, et à tracer les contours de plusieurs constellations, dans un petit cahier ouvert sur ses genoux. Soudain un murmure confus de voix, parmi lesquelles il lui sembla distinguer celle de son père, vint l'interrompre dans son travail.

Mais il nous faut retourner en arrière et raconter ce qui s'était passé chez lui depuis son départ.

Le croyant endormi, son père et sa mère étaient eux-mêmes allés se coucher, lorsqu'ils entendirent frapper de grands coups à leur porte et des voix bourrues s'écrier :

« Ohé! les vieux! ça vous va bien, ma foi! de dormir pendant que votre voleur de Pierre a sauté par la fenêtre, et s'est enfui pour dévaliser les vergers et voler des figues et des olives! »

Ceux qui parlaient ainsi appartenaient à une bande d'indignes coquins, — au nombre d'environ cinq ou six, — les plus mauvais sujets du village et la terreur des fermiers et des agriculteurs. Ils passaient presque tout leur temps à voler des fruits, à couper des branches d'arbres et à faire main basse sur tout ce qu'ils rencontraient.

Ils savaient que les gendarmes avaient l'œil ouvert sur eux, et que la prochaine fois qu'ils seraient surpris à voler ou à jouer encore quelques mauvais tours, ils seraient conduits en prison; aussi, ayant découvert que petit Pierre avait l'habitude de sortir la nuit, ils résolurent de le suivre, dans l'espoir de rejeter sur lui leurs propres fautes. Mais lui, le pauvre enfant, était si doux, si studieux et surtout si honnête, qu'il n'aurait pas voulu toucher à une fleur dans les champs des voisins. Et pourtant, quand ces mauvais garnements virent qu'il ne faisait pas autre chose que de s'asseoir tranquillement sur le sommet des collines, ils résolurent lâchement de l'accuser des mauvaises actions dont ils étaient coupables.

* * *

« Qu'est-ce que tout ça signifie ? » dit le père Gassendi à travers la porte, pendant que la mère, qui s'était précipitée dans la chambre de son fils, s'écriait, affolée : « Le lit est vide !...

— Ouvrez-nous ! criait-on du dehors, nous vous conduirons près de lui, et vous verrez que ce n'est pas nous, mais bien votre fils, qui a fait tous les dégâts du voisinage ! »

Effrayés de ce qu'ils entendaient et surtout de la disparition de leur enfant bien-aimé, le père et la mère s'empressèrent d'ouvrir la porte.

« Où l'avez-vous vu ? Où est-il maintenant ? Je suis sûr

que vous mentez, dit le père en faisant un geste de dénégation.

— Eh bien! venez, suivez-nous, reprit le chef de la bande, et vous verrez par vous-même qu'il s'est endormi après s'être bourré de belles figues marseillaises et d'olives, dont il a rempli son chapeau jusqu'aux bords plus de vingt fois, et qu'il a sans doute cachées dans quelques trous de rocher, pour les emporter chez lui, quand la nuit serait plus noire. »

A ces mots, qui l'accusaient en quelque sorte de complicité dans les vols présumés de son fils, l'honnête paysan ne put se contenir. Il leva son bras robuste pour frapper le petit vagabond qui avait osé le suspecter ainsi; mais, souple comme une couleuvre, le drôle lui glissa entre les jambes et se déroba à la correction.

Quand il fut à une distance respectueuse, il s'écria :

« Là! là! mon bonhomme, ne vous emballez pas, venez plutôt avec nous, et vous verrez de vos propres yeux ce qu'il en est. »

Impatient de revoir son fils, le père hâta le pas, suivi par sa femme, à qui il avait pourtant défendu de quitter la maison; mais, quand une mère a des raisons de croire un de ses enfants en danger ou en faute, elle court vers lui comme un ange gardien.

La nuit était froide, mais claire, et, comme nous l'avons déjà dit, la lune et les étoiles étincelaient au firmament.

Le père et la mère, se soutenant l'un l'autre, pouvaient donc aisément distinguer les petits garnements qui les précédaient en courant.

Arrivés au pied de la colline au sommet de laquelle

Pierre était assis, les gamins se mirent à gesticuler et à crier :

« Il est là ! il est là ! Il se repose de ses vols et de ses rapines.

— Pierre! Pierre ! appela la mère, descends, viens, mon enfant.

— Dépêche-toi de descendre, petit malheureux ! » s'écria le père à son tour.

Reconnaissant la voix de ses parents, l'enfant se hâta de répondre à leur appel et courut vers eux.

« Que fais-tu dehors à cette heure? lui demanda son père en le secouant rudement. Misérable petit drôle! qu'est-ce qui t'a pris de sauter par la fenêtre, et de te sauver dans la campagne pour dévaliser les vergers du voisinage?

— Que dites-vous, père? reprit l'enfant, la voix étouffée par les sanglots. J'ai eu grand tort de quitter la maison si avant dans la nuit, sans votre permission; mais de quoi m'accusez-vous? de voler? Moi, voler! Oh! non! jamais, jamais! Retournez mes poches, fouillez-moi, vous ne trouverez pas autre chose qu'un peu de papier, sur lequel j'ai décrit le mouvement des étoiles.

— Oh! je savais bien qu'il était incapable des mauvaises actions dont on l'accuse, dit la mère.

— Silence, femme! Quand les enfants sont surpris à commettre des fautes graves, ils essayent généralement de les couvrir par un mensonge. S'il ne témoigne pas son repentir par l'aveu de sa faute, je le punirai sévèrement. »

L'enfant était tombé à genoux devant son père.

« Pardonnez-moi, dit-il en lui embrassant les mains,

pardonnez-moi de vous avoir désobéi en sortant de la maison sans permission; mais je ne suis coupable d'aucune faute grave. Demandez au bon curé ce qu'il pense de moi. Je suis toujours le premier en classe, je n'oublie jamais mes prières, et je passe mes récréations à lire tout seul.

— Mais, malheureux enfant, conclut le père, qu'est-ce qui peut te pousser à sortir en pleine nuit, au lieu de dormir tranquillement dans ton lit?

— Regardez le ciel, reprit l'enfant, et dites-moi si ces astres brillants, qui nous contemplent là-haut, ne méritent pas d'être étudiés et mieux connus de nous.

— Ah çà! deviens-tu fou? dit son père. Comment arriverais-tu à connaître des choses si au-dessus de ta portée?

— Père, il y avait autrefois, en Chaldée, des bergers qui, comme moi, étudiaient le cours des astres; ils furent récompensés de leur peine en fixant la place de ces astres dans les cieux. Qui sait si, moi aussi, je ne pourrais pas faire quelque merveilleuse découverte et parvenir à donner un nom aux étoiles encore inconnues? Quand je parle de cela à M. le curé, il ne rit pas de moi, je vous assure; il m'a même prêté un livre traitant de ce sujet.

— Bien! bien! on se prête toujours aux innocents caprices des enfants, reprit le père, déjà à moitié convaincu. J'irai moi-même demain parler à M. le curé, et je saurai si tu dis la vérité. En attendant, tu vas retourner te coucher au plus vite : tu mérites d'être bien puni, pour troubler ainsi mon repos et celui de ta mère. »

L'enfant embrassa si tendrement ses parents, qu'il leur fut impossible de lui en vouloir plus longtemps. Ils retournèrent tous les trois au logis, bras dessus bras dessous et en parfaite intelligence.

*
* *

Le lendemain, Pierre se rendit comme d'habitude à l'école, et son père, avant de commencer sa journée, fit au curé la visite projetée.

Il le trouva lisant son bréviaire dans son petit jardin, tout proche de l'église, et lui raconta les événements de la nuit précédente.

Le prêtre était un savant, comme il y en avait beaucoup à cette époque dans le clergé.

« Vous devez vous estimer bien heureux, dit-il au digne villageois; votre fils est un enfant extraordinaire, qui deviendra un jour un grand homme. »

Le père resta bouche bée, regardant fixement le curé.

« Mais, monsieur le curé, pour devenir un grand homme, faut-il donc qu'il s'en aille, en pleine nuit, à travers champs, et qu'il devienne ainsi suspect de vols et de vagabondage?

— Tout cela peut facilement s'arranger, reprit le prêtre. Il y a toujours des bergers qui conduisent leurs troupeaux paître sur nos montagnes, et restent avec eux de minuit à la pointe du jour. Confiez votre fils au plus honnête et au plus respectable d'entre eux, et laissez-le poursuivre ses études; je les surveillerai moi-même, je lui fournirai les livres nécessaires, et, si vous le laissez mettre à profit ses dispositions, je vous promets qu'avant peu vous en serez récompensé. »

L'heureux père, les larmes aux yeux, remercia le curé et se retira.

L'école touchait au presbytère, et les études étaient soigneusement surveillées par le curé, M. Maurille.

L'abbé Maurille prenait le plus vif intérêt aux enfants qui montraient des dispositions particulières et s'appliquaient à les cultiver. Il avait promptement reconnu la rare intelligence et les aptitudes du petit Gassendi, et il faisait ce qu'il pouvait pour les développer.

Lorsque l'enfant apprit l'arrangement fait avec son père par M. le curé, il sauta de joie, et quelques jours après son bonheur fut à son comble, quand, au retour d'un voyage à Digne, le vénérable prêtre lui présenta un petit traité d'astronomie.

Si défectueux et incomplet que fût cet ouvrage, il devint le trésor de Pierre, qui l'avait toujours en mains. A l'aide d'un petit télescope, que lui avait prêté le curé, il détermina la position des étoiles décrites dans son livre, faisant déjà pressentir les découvertes qui devaient un jour rendre son nom illustre.

Il notait ses observations avec une grande exactitude, mais se gardait bien de les publier, attendant modestement la maturité de l'âge, pour donner du poids et de l'autorité à ses découvertes.

Pourvu que le temps fût clair et que les étoiles brillassent au firmament, il bravait tout; le vent le plus impétueux soufflant à travers les Alpes ne l'arrêtait pas. Il s'en allait le soir, en hiver, enveloppé dans un petit manteau de laine grossière, que lui avait fait sa mère.

La passion de l'enfant pour l'astronomie était si grande, qu'il ne se lassait jamais de contempler le ciel.

Il observait avec un intérêt toujours croissant la réapparition et le cours des astres.

Il donna un nom aux étoiles non mentionnées dans son livre, et même à la plus grande de la Voie lactée.

Les innombrables myriades de points lumineux captivaient son imagination; mais comment les classer et les indiquer?

Quelquefois il tirait profit des observations des bergers, qui avaient remarqué les constellations et les connais-

Gassendi.

saient de vue, bien qu'ils ignorassent leurs noms scientifiques.

Ces bergers savaient au juste l'heure de la nuit au moyen de la position des étoiles et prédisaient, avec une grande exactitude, le temps qu'il ferait, en observant le passage des nuages devant la lune.

Mais quelquefois Pierre se trouvait avec des pâtres lourds et stupides, qui jamais ne regardaient le ciel et n'avaient d'yeux que pour la terre, où paissaient leurs troupeaux. Il aurait voulu alors les saisir par leur manteau, les forcer à contempler le ciel et leur expliquer la position et le nom des diverses constellations.

La renommée du savant enfant s'étendit bientôt sur toute la contrée. Ses condisciples, jaloux de la préférence que lui témoignait le bon curé, le tourmentaient sans cesse, cherchant toutes les occasions de le prendre en défaut; mais Pierre avait une nature aimable et douce, comme en ont en général ceux qui réfléchissent profondément, et, malgré les méchants tours que lui jouaient quelques-uns de ses camarades, il resta toujours leur ami.

---

## II

### LE SACRISTAIN

« As-tu fermé la porte de l'église? demanda à sa femme, jeune encore, le sacristain de l'église de Champtercier, un soir du mois d'août 1602.

— Oui, Cerbonnet, répondit celle-ci, occupée à préparer le souper.

— As-tu verrouillé la grande porte qui donne sur la place?

— Oui, mon ami.

— As-tu fermé aussi la porte qui ouvre dans notre maison, et en as-tu pris la clef?

— Oui, répondit encore la femme du sacristain.

— Bien! Maintenant écoute, reprit celui-ci d'un ton si solennel, que sa femme le regarda toute surprise. Retourne dans l'église par la porte de communication avec notre maison, et emporte un sac de cendre. Tu sais le pilier qui supporte l'arche, où est suspendue la lampe; il est entouré d'un banc de pierre. Comprends-tu, Perrine?

— Très bien! Après? demanda Perrine, essayant de deviner la pensée de son mari.

— Tu répandras de la cendre tout autour du banc.

— Pourquoi?

— Tu sais, continua Cerbonnet, que nous verrouillons la grande porte de l'église tous les soirs; ça n'empêche que nous l'entendons tourner sur ses gonds toutes les nuits, et que le lendemain nous trouvons ses grands verrous ouverts. Tu sais aussi que je balaye soigneusement l'église toutes les après-midi. Eh bien, quand il pleut, je trouve toujours le banc qui entoure le pilier taché de boue, et ce qui est plus fort, l'autre jour, j'ai trouvé de petits copeaux de bois.

— Mais la cendre, à quoi peut-elle servir? interrompit Perrine.

— A quoi? reprit Cerbonnet d'un air malin et avec une grande animation, mais tout simplement à m'apprendre qui vient, la nuit, danser et faire la veillée dans l'église. Grâce à la cendre, je saurai demain qui a raison, de M. le curé ou de moi.

— Oh! te voilà encore la tête à l'envers, avec tes revenants et tes esprits! dit Perrine, commençant à tailler la soupe. Pour moi, je ne crois pas à leur existence. M. le curé, ta sœur Marie, ton beau-frère Gassendi et même petit Pierre, tous assurent que c'est folie.

— Bien, bien, reprit Cerbonnet, va jeter de la cendre autour du banc, va vite! Je suis sûr que par ce moyen-là nous pourrons éclaircir ce mystère, et savoir enfin si ce sont les vivants ou les morts qui nous troublent de cette manière.

— Je suis curieuse de savoir ce qui en sortira, dit Perrine, je vais jeter de la cendre. Pendant ce temps-là, va donc dans le jardin, car j'entends les enfants se quereller.

Si Pierre, le petit garçon de Gassendi, est avec eux, dis-lui de rester à souper avec nous. Pauvre enfant! ses parents sont si pauvres, que je crains bien qu'il n'ait, le plus souvent, qu'une croûte de pain sec pour son dîner.

— Bonne et généreuse femme! tu penses toujours aux autres, dit Cerbonnet ému. Ah! tu es bien heureuse, toi, d'avoir la tête solide. Pour moi, quand vient la nuit, mes frayeurs me reprennent et me troublent à ce point que je deviens stupide, plus stupide même que le chien de faïence que M. le curé a mis sur un piédestal, au beau milieu de son jardin, pour faire peur aux moineaux.

— Et pour effrayer les voleurs, dit Perrine; mais il me semble qu'il eût mieux fait d'y mettre un chien vivant, en chair et en os.

— C'est ce que je pense aussi; mais M. le curé dit que c'est bien comme ça.

— M. le curé est comme le bon Dieu : il veut, non la mort du pécheur, mais sa conversion. Un chien vivant mordrait les voleurs, leur sauterait à la gorge, tandis qu'un chien de faïence peut les effrayer et les empêcher de voler : c'est déjà quelque chose.

— La soupe froidit, Cerbonnet. Vite, appelle les enfants, interrompit Perrine.

— Tu as raison, » répondit son mari en ouvrant la porte du jardin.

Mais à peine avait-il mis le pied dehors, qu'il rentra précipitamment.

« Non, pour rien au monde! » dit-il; puis, à la réflexion : « Il y a clair de lune, donc rien à craindre. »

Et il partit.

Comme il approchait de l'endroit où étaient les enfants, il les vit tous réunis sous un pommier, en train de discuter avec animation.

« Eh bien! les marmots, cria-t-il à quelque distance, vous querellez-vous à cause de mes pommes?

— Soyez tranquille, mon oncle, dit un des enfants en se dégageant de ses compagnons et en courant vers le sacristain, nous ne pensions même pas à vos pommes; mais, puisque vous voilà, vous allez nous dire qui de nous a raison.

— Oui, père, s'écrièrent les quatre autres enfants, dont l'âge variait de neuf à quinze ans. Oui, dites-nous qui a raison de Pierre ou de nous... Vous voyez la lune et les nuages, n'est-ce pas?

— Oui, répondit Cerbonnet. Pierre dit-il le contraire?

— Non! s'écrièrent-il en chœur; mais... mais... Pierre déclare...

— Attendez un peu, dit Pierre, faisant signe à ses cousins de ne pas bouger. Laissez-moi poser la question; vous ne devez pas influencer mon oncle. »

Et, comme les enfants gardaient le silence, Pierre continua :

« Vous voyez la lune et les nuages, n'est-ce pas, oncle Cerbonnet?

— Je les regarde depuis une minute déjà, dit le bonhomme, le nez en l'air.

— Eh bien! qu'est-ce qui bouge, la lune ou les nuages?

— Mais ils bougent tous les deux.

— Ah! ah! crièrent les enfants en éclatant de rire, papa est plus fin que nous.

— Chut! dit Pierre. Écoutez, oncle Cerbonnet, regardez

bien! La lune passe-t-elle derrière les nuages, ou les nuages fuient-ils devant la lune?

— Quelle sottise! reprit Cerbonnet, je n'ai pas besoin de me fatiguer les yeux à regarder la lune pendant des heures, pour voir qu'elle fuit derrière les nuages, et joliment vite encore! »

Les enfants du sacristain applaudirent, pendant que Pierre se grattait la tête en disant :

« Dieu me bénisse! si je parlais pendant deux heures, ils ne seraient pas plus avancés. Comment donc leur prouver la chose?... Je ne sais pas! »

Mais tout à coup il poussa un cri de joie, comme si une idée lumineuse lui était venue :

« Suivez-moi! » dit-il.

Et, marchant en avant, il conduisit son oncle et ses cousins derrière le pommier. Apercevant alors deux branches peu distantes l'une de l'autre, entre lesquelles on voyait parfaitement le ciel, il les plaça dessous et leur dit :

« La lune est entre deux grosses pommes, n'est-ce pas? Eh bien! regardez attentivement. Se rapproche-t-elle des pommes ou s'en éloigne-t-elle?

— Elle ne bouge pas, dit Cerbonnet.

— Elle est toujours à la même place, dit l'aîné des enfants.

— Et les nuages? demanda Pierre.

— Ah! pour ça, dit Cerbonnet, c'est une autre affaire. Depuis que nous sommes sous l'arbre, ils ont passé si rapidement, qu'on dirait que quelqu'un les poussait par derrière. Il y avait tout à l'heure un petit nuage devant la lune; maintenant il est bien loin du pommier, et ce grand noir, qui était au-dessus de l'église tout à l'heure, le voilà maintenant au-dessus du pommier. Il passe devant la lune. Là! il la cache entièrement. Bon! maintenant il s'enfuit, et l'on ne voit plus qu'une tache sur la lune. Là! maintenant nous pouvons la voir tout entière.

— Et maintenant, que dites-vous du mouvement de la lune? demanda Pierre.

— Elle reste tranquille entre les deux pommes, s'écrièrent Cerbonnet et les quatre enfants.

— Alors vous êtes bien convaincus que la lune ne bouge pas, n'est-ce pas? demanda Pierre.

— Ma foi! on le croirait, dit Cerbonnet. Mais avec votre lune et vos nuages, vous m'avez fait oublier la commission de ma femme. Venez tous souper; toi aussi, Pierre.

— Merci, mon oncle; mais mon père est allé à Digne: je ne voudrais pas laisser ma mère manger toute seule.

— Tu es un bon fils, Pierre, et Dieu te récompensera, dit Cerbonnet. Viens nous voir demain. »

*
* *

Cerbonnet ne dormit que d'un œil, comme on dit; car ses frayeurs nocturnes étaient si grandes, qu'elles troublaient son repos. Le sommeil pourtant l'emportait quelquefois, mais un sommeil agité et pénible. Soudain, vers minuit, il entendit, dans l'intérieur de l'église, un bruit qui le fit tressaillir d'effroi.

« As-tu entendu? cria-t-il à sa femme, qui dormait profondément dans un lit à côté.

— Oui, répondit-elle tout émue; quelqu'un essaye de tirer les verrous de la porte.

— Un, deux, trois. Ils les ont tirés tous, dit Cerbonnet

en faisant nerveusement craquer les articulations de ses doigts.

— Naturellement, dit sa femme, un seul verrou tiré ne servirait à rien.

— Maintenant les entends-tu, Perrine? ils tournent la clef.

— Oui, mais bien péniblement. On dirait que ce n'est pas quelqu'un de bien fort.

— Bah! bien assez fort pour nous étrangler s'il le veut, dit Cerbonnet.

— La porte s'ouvre, je l'entends tourner sur ses gonds, dit Perrine.

— Qu'allons-nous devenir? que faire? gémit son mari.

— As-tu peur? demanda sa femme.

— Oui. Et toi, n'as-tu pas peur?

— Ce n'est pas étonnant que j'aie peur, moi. Je ne suis qu'une femme; mais toi, tu devrais avoir honte d'être si poltron!

— C'est bien heureux pour moi que je sois poltron, répliqua Cerbonnet; car autrement j'irais voir ce que c'est, et sûrement je mourrais de frayeur.

— Eh bien! alors, faisons une prière et tâchons de nous rendormir, » dit Perrine.

Et les grains de son rosaire commencèrent à s'entre-choquer.

A cet instant, le silence se rétablit dans l'église et dans la chambre du sacristain.

*
* *

Quand Cerbonnet se leva, le lendemain matin, sa première pensée fut de demander à sa femme de l'accompagner à l'église.

Trop effrayés pour faire tout haut la moindre remarque, ils marchaient devant eux en silence, la tête baissée, osant à peine regarder à droite et à gauche, jusqu'au banc de pierre qui entourait le pilier, près du grand autel; mais à peine eurent-ils jeté les yeux sur la cendre, qu'ils poussèrent un cri de terreur.

« Vois-tu? dit Cerbonnet. Regarde, n'est-ce pas l'empreinte d'un pied? »

Après quelques moments d'hésitation, Perrine regarda attentivement.

« Oui, dit-elle, je vois la marque d'un pied, d'un très joli pied; on dirait un pied d'enfant.

— Oui, ici; mais là, et plus loin?

— C'est la même empreinte partout.

— C'est bien étrange, dit Cerbonnet en jetant un rapide coup d'œil, bien étrange en vérité. »

A ce moment, l'autre porte communiquant avec le presbytère s'ouvrit, et le curé, M. Maurille, entra vêtu pour dire la messe.

## III

### LES VOLEURS

Le soir de ce même jour, comme Mme Gassendi et son fils rentraient chez eux, après avoir passé la soirée chez le sacristain et sa femme, voici quelle fut leur conversation.

« C'est bien singulier, dit Mme Gassendi, que mon beau-frère s'entête à affirmer que la porte de l'église, qu'il ferme si soigneusement le soir, est toujours ouverte le matin.

— Il a peut-être raison, dit Pierre en souriant dans l'ombre.

— Quoi, mon fils! crois-tu aussi aux esprits?

— Non, mère; mais je crois possible que des vivants aillent la nuit prier, lire ou étudier à la lumière de la lampe du sanctuaire. »

Alors, changeant de ton, il ajouta :

« Je voudrais bien que vous fussiez riche, mère, très riche.

— As-tu besoin de quelque chose? demanda sa mère, déjà inquiète.

— Non, chère mère; mais si vous étiez riche, vous pourriez acheter de l'huile pour notre lampe, et je pourrais étudier la nuit.

— Pauvre enfant! dit Mme Gassendi avec un soupir, et tu te rendrais malade. Non, si j'avais de l'huile, je ne t'en donnerais pas pour étudier la nuit. La nuit est faite pour dormir.

— Et pour étudier aussi, maman. C'est si bon, si agréable d'étudier quand tout est tranquille! » dit Pierre avec enthousiasme.

La mère et le fils étaient alors arrivés près du cimetière, et Pierre machinalement tourna ses regards vers le champ des morts.

Celui-ci était situé sur le versant d'une petite colline, ce qui permettait d'embrasser d'un coup d'œil tout l'enclos. Plusieurs tombeaux se dégageaient, nets et distincts, entre les massifs des verts sapins et des arbrisseaux odoriférants qu'on y avait plantés, et une croix de bois, dominant tout le reste, s'élevait au milieu du cimetière.

Tout à coup Pierre, qui continuait à penser tout haut, s'arrêta, et, bien que sa mère lui eût par deux fois demandé d'achever ce qu'il avait à dire, il garda le silence.

Toute son attention était fixée sur la grande croix du cimetière, au pied de laquelle il croyait voir quelqu'un remuer.

Son premier mouvement fut d'en faire part à sa mère; mais, craignant de l'inquiéter, il s'abstint. Cependant, très intrigué, ne comprenant pas ce que ce pouvait être, il regarda de nouveau dans la direction de la croix, qui allait disparaître à ses yeux.

A ce moment, la lune éclairait en plein cette partie du cimetière, et, au lieu d'une ombre, Pierre en vit distinctement trois.

Soit qu'impressionné par cette apparition, l'enfant s'abandonnât aux réflexions qu'elle avait fait naître en lui, soit que Mme Gassendi ne se souciât pas de prolonger la conversation, toujours est-il qu'ils continuèrent de marcher en silence jusque chez eux.

M. Gassendi était rentré pendant leur absence, et le père et la mère, ayant quelques petites affaires de ménage à traiter ensemble, envoyèrent Pierre se coucher.

En entrant dans sa chambre, — une petite pièce au rez-de-chaussée, — l'enfant vit que la lune l'éclairait en plein; et il y faisait tellement jour, qu'au lieu de se déshabiller, Pierre pensa pouvoir lire et apprendre ses leçons pour le lendemain; mais les caractères de son livre étaient si fins, qu'au bout de quelques minutes le pauvre enfant sentit, dans ses yeux, une douleur aiguë.

« Allons-y! dit-il, décidé à braver toutes les difficultés. D'ailleurs, ce n'est pas d'aujourd'hui que je finis mon étude à la lueur de la lampe du sanctuaire. Je serai cause pourtant qu'oncle Cerbonnet affirmera encore demain que les esprits ont été faire la veillée dans l'église... Pauvre oncle! s'il savait que c'est moi, l'esprit! »

En disant ces mots, Pierre prit son livre, glissa un morceau de pain dans sa poche, ouvrit la fenêtre, sauta dans le jardin, ouvrit la porte simplement fermée par un loquet attaché à un bout de corde, et partit en courant à toutes jambes dans la direction du presbytère.

Tout absorbé par la pensée de ses études bien-aimées, il avait oublié l'apparition au pied de la croix. Cependant, comme il approchait du cimetière, cette pensée lui revint. Il regarda de nouveau; mais cette fois il ne vit rien.

« Quelques personnes sans doute étaient allées là pour prier, » pensa-t-il, et il arriva à l'église.

*
* *

Il nous faut maintenant expliquer comment la porte, toujours fermée en dedans la nuit, se trouvait ouverte le matin.

Quand Pierre voulait aller dans l'église, il grimpait à l'un des arbres touchant le mur extérieur. De là, il pouvait ouvrir la fenêtre et se laisser glisser dans l'intérieur. Il aurait bien voulu retourner par le même chemin; mais comme il n'y avait pas d'appuis le long des murs de l'église pour y poser le pied, le petit homme ne pouvait se hisser jusqu'à la fenêtre et était obligé de sortir par la porte. Or, une fois dehors, il va sans dire qu'il ne pouvait fermer les verrous en dedans.

Ceci explique comment Cerbonnet les trouvait toujours ouverts, ce qui le confirmait de plus en plus dans sa croyance à la visite d'êtres mystérieux.

Mais retournons à Pierre. S'étant introduit dans l'église par le chemin que nous avons décrit, il se dirigea vers le banc qui entourait le pilier, et, après une courte prière au pied de l'autel, il s'assit sous la lampe suspendue à la voûte, plaça son morceau de pain à côté de lui, ouvrit son livre et se mit à étudier.

L'horloge, à ce moment, sonnait douze coups, et, au

milieu du silence de mort qui remplissait la campagne à cette heure avancée de la nuit, Pierre crut entendre un léger bruit dans les branches de l'arbre qui lui avait servi de marchepied pour pénétrer dans l'église. Comme la fenêtre était restée ouverte, le bruit arrivait distinctement jusqu'à lui.

Intrigué, il cessa de lire, et, retenant sa respiration, il écouta attentivement.

Le bruit continuait : on eût dit que quelqu'un essayait de grimper à l'arbre et ne pouvait y réussir. Les efforts infructueux étaient accompagnés de murmures étouffés et de sourds blasphèmes. Le petit Gassendi, très étonné, se leva et s'en alla sous la fenêtre, afin de distinguer ce qu'on disait. Mais, en entendant les paroles suivantes, son sang se glaça dans ses veines :

« Il faut espérer que ce diable de petit Gassendi n'est pas ici, les yeux braqués sur son livre, comme les trois nuits que nous avons essayé cette chasse.

— Non, reprit tout bas une autre voix d'homme. Je viens de le voir avec sa mère; il rentrait chez lui.

— En tout cas, ajouta un troisième individu, si je l'attrape ici cette nuit, je lui tords le cou comme à un poulet. »

Une sueur froide inonda l'enfant. Il aurait bien voulu fuir, mais où aller? S'il faisait le moindre bruit, les hommes le découvriraient, et il serait perdu.

Il connaissait la voix qui venait de le menacer ainsi; c'était celle d'un malfaiteur fameux, nommé Farouil, banni de la commune trois jours auparavant. Mais que pouvait faire là cet homme? Pourquoi était-il venu? se demandait l'enfant.

Et, dans sa candeur, il se dit :

« Peut-être que ce Farouil s'est repenti de ses crimes, et qu'avant de quitter son pays natal, il est venu demander pardon à Dieu; mais il craint sans doute d'être vu dans le pays, après l'ordre qu'il a reçu de partir, et, redoutant l'indiscrétion d'un enfant, qui pourrait lui attirer un châtiment sévère, il aura proféré des menaces sans avoir l'intention de les exécuter. »

Néanmoins l'enfant, peu rassuré, jugea prudent d'effectuer sa retraite.

Il retourna donc doucement à sa place; mais, au lieu de s'asseoir sur le banc, il se coucha dessous.

L'espace entre le sol et le banc était suffisant pour permettre à Pierre d'y être à l'aise et complètement caché. De plus, l'ombre projetée par le pilier rendait sa cachette excellente, car il pouvait voir sans être vu.

A peine s'y trouvait-il ainsi en sûreté qu'une tête apparut à la fenêtre, puis des bras, et enfin le corps de l'homme qui avait proféré les terribles menaces. Cet homme sauta dans l'église; un second le suivit, puis un troisième.

Ce dernier fit tant de bruit en tombant, que Farouil lui dit :

« Chut! Michel, ne fais pas de bruit; Cerbonnet dort tout à côté.

— Bah! repartit Michel, quand même il nous entendrait, il aurait trop peur de venir; il croirait que les esprits sont encore là, et demain il assourdirait tout le monde avec son sot babillage.

— Ne parle pas des esprits, Michel, ajouta un troisième voleur, ou nous allons en voir se dresser devant nous.

— Allons donc! Jaousé, vieux fou! répliqua Farouil, je suis convaincu que les esprits ont été inventés par quelque

Cet homme sauta dans l'église; un second le suivit, puis un troisième.

fameux voleur pour cacher ses prouesses nocturnes et, avec ces contes-là, tromper impunément les gens timides et superstitieux. Si les esprits n'avaient pas été inventés, je les inventerais, moi! Quelles fameuses aventures j'ai eues, grâce aux histoires de revenants racontées le soir aux domestiques, afin de les effrayer et de les empêcher de sortir de leur lit, quand ils entendaient le bruit de mes fausses clefs!

— Tu nous raconteras tes hauts faits demain, Farouil, observa Michel. Les nuits sont courtes maintenant, et nous n'avons pas de temps à perdre.

— Tu as raison, dit Farouil. Allons, vite, à la besogne!

— Le couloir qui conduit à l'appartement du curé est à droite, il touche la cuisine.

— La chambre de la vieille est à droite aussi, dit Michel.

— Nous commencerons par elle, reprit Farouil.

— Je m'en charge, ajouta Michel, et je réponds que, si elle crie une fois, elle ne criera pas deux.

— Quant à moi, dit Farouil, je vais droit au curé. Il a toujours son argent auprès de lui.

— Oui, dans un coffre, et la clef y est toujours, observa Jaousé.

— Ouvre-le, reprit Farouil, et prends tout ce qu'il contient. Maintenant faites attention à ce que je dis. Michel, tu te charges de la vieille; moi, du curé; et toi, Jaousé, tu mets en sûreté l'argent. Tout sera fait dans un clin d'œil, et demain, quand il me faudra quitter le pays, je ne m'en irai pas les mains vides! »

Sur ces mots accompagnés d'une grimace infernale, Farouil, suivi de ses deux complices, franchit la porte de la sacristie, qui communiquait avec le presbytère. Soudain Jaousé poussa un cri étouffé.

« Du pain! murmura-t-il; qui peut l'avoir laissé ici! »

Il s'approcha, à pas de loup, du banc qui cachait le pauvre Pierre pour prendre le morceau de pain.

Comment décrire l'anxiété de Gassendi à ce moment? Glacé de terreur en entendant cette conversation, chaque mot augmentait encore son effroi. Il retenait son souffle et se faisait aussi petit que possible, immobile et froid comme la pierre sur laquelle il était étendu.

Il avait grand'peine à réprimer son indignation et à garder le silence, pendant que ces bandits projetaient devant lui l'assassinat de son bienfaiteur, le pieux et compatissant curé, lorsque tout à coup un des voleurs, s'approchant du banc pour prendre le pain, heurta de son sabot le malheureux enfant et effleura légèrement son front, couvert d'une sueur froide.

A ce moment, Pierre fut tenté de se dresser devant ces misérables, de leur reprocher leur infâme projet et de leur demander ce que ce bon vieillard avait fait pour qu'ils aillent ainsi lâchement l'assassiner pendant son sommeil; mais, malgré son extrême jeunesse, il comprit qu'il s'exposerait au danger sans sauver son bienfaiteur, et il résolut de ne pas bouger.

Le voleur, qui avait pris le pain, restait debout, à la même place, le regardant d'un air stupide et se demandant comment il était venu là, lorsqu'il fut appelé par ses compagnons.

« Ah çà! viens-tu, Jaousé? cria Farouil.

— Ce pain n'est pas venu tout seul ici. Quelqu'un est sûrement caché dans l'église; je vais regarder partout, dit Jaousé.

— Tu es fou! reprit Michel. C'est tout simplement un

enfant, à qui sa mère en aura trop donné et qui l'aura laissé à la bénédiction. Viens-t'en vite!

— Ben, oui, » dit Jaousé.

Mais ce oui fut brusquement interrompu par Farouil.

« Qu'il reste et regarde tant qu'il voudra! cria-t-il. Nous, nous allons faire notre petite affaire.

— Non, non, attends une minute, Farouil. Voyons, ne faites pas les fous et ne me laissez pas seul dans cette église, » dit Jaousé en rejoignant au plus vite ses compagnons, déjà sortis de la sacristie.

Pierre entendit la porte se refermer sur eux et le bruit de leurs pas se perdre à distance.

Quand il fut assuré que les voleurs avaient quitté l'église, il se hasarda à sortir de sa cachette.

« O mon Dieu! s'écria-t-il en joignant les mains, que faire? Comment réveiller le village? Où trouver quelqu'un pour sauver mon bienfaiteur? Dieu bon, inspire-moi! »

Puis, tombant à genoux devant le maître-autel, il murmura avec ferveur :

« O toi qui es tout-puissant! sauve M. le curé! sauve mon père! sauve le père de la paroisse! »

Il s'arrêta un moment pour écouter, et, croyant entendre les cris et les gémissements étouffés des victimes, les jurements des assassins, il pria avec un redoublement de ferveur. Il écouta de nouveau, mais n'entendit cette fois qu'un étrange bourdonnement dans ses oreilles.

Soudain une idée lumineuse lui traversa l'esprit, comme une inspiration du Ciel.

Aussitôt il se leva, courut derrière le maître-autel,

grimpa quatre à quatre l'escalier conduisant au clocher, son pied effleurant à peine les marches comme si elles étaient en feu, saisit la corde de la cloche d'alarme, s'y suspendit et, de toutes ses forces, donna un vigoureux coup, puis un second, puis un troisième.

Cinq minutes après tout le village était sur pied, et les habitants, à peine vêtus, couraient dans les rues en criant :

« Où est le feu? où est le feu? »

La présence d'esprit de Pierre avait été couronnée de succès, et le village entier était debout.

Mais retournons aux voleurs.

Ceux-ci, bien qu'ils eussent atteint et forcé sans difficulté la porte qui les séparait du curé, restaient immobiles et n'osaient avancer.

Ils avaient compté sans leur hôte, en pensant surprendre les deux habitants du presbytère pendant leur sommeil. Le curé était assis à une table, le dos tourné aux voleurs; et sa servante, debout à côté de lui, recevait ses instructions, concernant une somme d'argent qu'il venait de compter et plaçait auprès d'elle.

« Voici pour la vieille Marcelle, dit-il. Envoyez la fille du jardinier lui porter cela demain.

— J'irai moi-même, répondit la vieille.

— Non, Millette. J'ai une commission plus délicate à vous confier, et que vous seule pouvez faire; car je ne croirais personne autre capable d'en garder le secret. Écoutez donc : l'autre jour, j'ai dû prêcher très sévèrement contre les pécheurs et finir par demander l'expulsion d'un nommé Farouil, qui, bien que ne manquant ni d'habileté ni de talent, s'est ruiné par le jeu et le reste. »

En entendant son nom, Farouil, qui justement était debout dans la chambre, rebroussa chemin et fit signe à ses complices de ne pas faire de bruit.

Le curé ne se doutait pas du danger qui le menaçait. Il ne voyait pas l'épée suspendue sur sa tête; il continua donc tranquillement.

« Cet homme n'a pas encore quitté le pays; il erre nuit et jour parmi les tombes avec deux pauvres misérables comme lui, pressés sans doute par le besoin et la cruelle nécessité. Or la faim est une terrible conseillère, Millette; elle va peut-être le porter à quelque acte de désespoir. Nous devons l'empêcher, si c'est possible. Vous lui porterez cet argent vous-même, ma fille. Je ne peux pas y aller, moi. Je ne peux pas punir d'une main et récompenser de l'autre, ce serait un mauvais exemple pour les autres malfaiteurs; mais vous pouvez y aller sans crainte, vous. Vous n'avez rien à voir par derrière, vous n'êtes pas tenue de savoir si ceux que vous secourez sont bons ou mauvais chrétiens. Donc, mettez votre manteau, prenez cet argent et allez au cimetière. J'irais bien avec vous, ma bonne Millette; mais vous n'avez pas peur des revenants ni des morts, n'est-ce pas? Donnez ceci à ce misérable, conseillez-lui de se repentir, dites-lui que Dieu est miséricordieux et lui pardonnera. Allez, ma fille, allez le plus vite possible.

— Oui, mon cher maître, dit Millette, les larmes aux yeux et prenant l'argent que lui avait donné le curé. Oh! comme vous représentez bien le Dieu de justice et de paix! »

La bonne femme prit une lampe pour s'éclairer dans sa chambre; mais à peine avait-elle fait un pas vers la porte, qu'elle poussa un cri d'horreur. L'argent et la lampe s'échappèrent de ses mains, et, tombant à genoux, elle s'écria :

« Grâce ! grâce ! ne le tuez pas !

— Qu'avez-vous? » dit le curé en se détournant.

Mais, à la vue des trois hommes debout et immobiles à l'entrée de la chambre, il resta muet d'étonnement.

Avec cette intuition qui est le privilège de quelques natures particulièrement bien douées, le curé lut dans le cœur de Farouil et comprit l'objet de sa visite nocturne; mais, fort de sa confiance en Dieu, dont il avait toujours éprouvé la protection, au lieu de fuir, d'appeler au secours, ou, comme sa vieille servante, de demander grâce, le curé s'approcha des voleurs.

« Que voulez-vous? » dit-il d'un ton sévère, en les regardant en face.

Les voyant muets et immobiles, il comprit l'avantage qu'il avait sur eux

« Tiens ! c'est vous, Farouil, dit-il. Vous avez bien fait de venir, vous avez épargné une course à ma vieille femme de journée. L'argent qui est par terre est pour vous, ramassez-le et partez. Allez et devenez un honnête homme, si vous pouvez; on gagne bien peu à faire le mal.

— Oh ! monsieur le curé, je suis un monstre ! s'écria Farouil en tombant à genoux et éclatant en sanglots. Si vous saviez pourquoi je suis venu !

— Je ne veux rien savoir, » interrompit le curé, dont la voix fut soudain couverte par le bruit de la cloche d'alarme, mise en branle par Gassendi, pendant que des cris : « Sauvez le curé ! sauvez le curé ! » éclataient à travers les fenêtres fermées du presbytère.

« Oh! nous allons être mis en pièces! » s'écrièrent les compagnons de Farouil, en tremblant de tous leurs membres.

Farouil ne soufflait mot.

Le curé courut à la fenêtre, l'ouvrit et, l'air calme et tranquille, se présenta à la foule, qui à sa vue poussa des cris de joie.

« Qu'y a-t-il, mes amis? dit-il, tout va bien... »

Puis, apercevant Pierre et devinant tout, il ajouta :

« Gassendi s'est trompé. Allons, viens, mon enfant, Millette va t'ouvrir la porte. Pour vous, mes amis, mes enfants, allez vous coucher, je n'ai rien à craindre. Croyez-moi, quand je vous affirme que la Providence veille sur moi et qu'il n'y a pas lieu de vous inquiéter. »

Ces paroles et, par-dessus tout, l'attitude calme du curé rassurèrent la foule. Chacun regagna sa demeure, à l'exception de Pierre, que Millette conduisit au curé.

Dès que l'enfant aperçut les voleurs qu'il avait vus dans l'église, un cri d'horreur s'échappa de ses lèvres.

« Comment êtes-vous encore en vie? dit-il au curé avec étonnement.

— C'est grâce à Dieu, qui a daigné, comme je viens de le dire, veiller sur moi et sur toi aussi, mon enfant, ajouta-t-il avec un doux sourire.

— Vos vertus ont été votre sauvegarde, monsieur le curé, ajouta Farouil en se baissant pour ramasser une pièce de cinq francs. Je prends cette pièce; mais je ne toucherai pas au reste, et j'aimerais mieux mourir de faim que d'emporter cet argent. Cette nuit a fait de moi un autre homme. Donnez-moi votre bénédiction, mon père; je vais m'engager soldat. »

Le curé étendit la main pour le bénir, et les trois hommes s'en allèrent. On ne sut jamais au juste ce qu'ils devinrent. Les uns dirent qu'ils étaient tombés sur le champ de bataille; les autres, qu'ils s'étaient faits religieux et soignaient les malades dans les hôpitaux, terminant ainsi leurs jours dans la prière et la pénitence.

Le curé conduisit lui-même Gassendi chez ses parents, qui, réveillés par le tocsin et ne voyant pas leur enfant, commençaient à être très inquiets.

Tant qu'avait duré le danger, Pierre n'avait pas versé une larme; mais, dès qu'il fut rassuré sur le sort du curé, il éclata en sanglots, incapable de maîtriser plus longtemps son émotion.

---

## IV

### SUCCÈS

Quelque temps après les événements que nous venons de raconter, le village de Champtercier était en fête : Mgr l'évêque de Digne, qui faisait la visite de son diocèse, devait s'y arrêter pour donner la confirmation.

L'église, entièrement tendue à l'intérieur de draperies cramoisies, était ornée de guirlandes de fleurs, et devant l'entrée principale, donnant sur la grande place, s'élevait un arc de triomphe, tout couvert de branches d'arbres verts et décoré de touffes de lavande et d'autres fleurs odoriférantes. Les fenêtres des maisons entourant la place étaient tendues de rideaux et de couvertures artistement drapées.

Le curé et ses assistants avaient revêtu leurs plus beaux ornements.

Parmi les enfants de l'école, transformés en choristes, on distinguait petit Pierre, dont l'air réfléchi et l'expression intelligente attiraient l'attention des assistants.

Debout sur le seuil de la porte principale par laquelle

l'évêque devait entrer, il tenait à la main une feuille de papier, qu'il regardait sans cesse.

Tout à coup une grande agitation se produisit, un bruit de roues se fit entendre, des cris de joie retentirent de toutes parts, et le curé, ses assistants et les enfants de chœur entonnèrent une hymne sacrée.

Arrivé sur la place de l'église, l'évêque descendit de voiture et, accompagné de son vicaire général, passa sous le gracieux arc de triomphe. Aussitôt l'antienne cessa, et petit Pierre, debout devant monseigneur, commença à réciter, d'une voix claire et sonore, un compliment approprié à la circonstance.

Il dit quelle joie était pour le village la visite de l'évêque, quelle source de bénédictions pour les enfants sur lesquels il allait faire descendre le Saint-Esprit avec ses sept dons, quel bonheur enfin pour tous les cœurs; car, si Monseigneur représente la charité et la religion, il personnifie aussi la science, qui élève l'homme et le rapproche de Dieu.

Il sait que les planètes qui resplendissent au-dessus de nos têtes, par une belle nuit, proclament la gloire de Dieu; que chaque étoile au ciel, chaque insecte sur terre atteste sa toute-puissance; que les plus illustres philosophes de la Grèce n'étaient qu'un pâle reflet de sa splendeur infinie; que les œuvres des poètes, des artistes et des savants rendent également témoignage à la grandeur du Créateur. Puis, passant rapidement en revue les principaux événements de l'histoire, depuis les temps les plus reculés jusqu'à nos jours, l'enfant mentionna surtout les hommes célèbres plus particulièrement marqués du doigt de Dieu.

L'évêque écoutait avec la plus grande attention et semblait fort intéressé. Tout d'abord il crut que le compliment avait été composé par le curé; mais quand il apprit que c'était l'œuvre de petit Pierre, il s'écria :

« Cet enfant sera la merveille de son siècle! »

Il embrassa le petit orateur et entra dans l'église avec sa suite.

Les enfants qui devaient recevoir la confirmation étaient rangés ensemble dans l'église. Chacun d'eux portait une écharpe croisée sur la poitrine et avait à la main un cierge et un bouquet blanc.

La cérémonie commença; les enfants s'agenouillèrent en silence, priant de tout leur cœur. Ainsi prosternés, la tête découverte, les mains jointes, ils offraient le plus touchant spectacle, et les assistants gardèrent longtemps le souvenir de la candeur et du recueillement de ces jeunes néophytes.

Après la cérémonie, le bon curé invita à dîner les principaux habitants du village, afin de faire honneur à l'évêque.

Quand tout le monde fut réuni et sur le point de se mettre à table, l'évêque dit au curé :

« Il manque quelqu'un ici.

— Qui donc, monseigneur?

— Mais le petit orateur, qui deviendra un jour un homme illustre. Je désirerais le voir au milieu de nous.

— Je crains qu'il n'en éprouve trop d'orgueil, répondit le curé, qui aimait Pierre comme son fils.

— Vous avez raison, dit l'évêque. Il vaut mieux venir à son aide que de développer son orgueil. »

Et il parut réfléchir.

Après le repas, l'évêque s'entretint quelque temps avec le curé et les notables du pays sur les intérêts de la

« Voulez-vous me confier votre fils? »

paroisse, puis il prit congé; car il devait se rendre avant la nuit dans le village voisin et, le lendemain, y donner la confirmation.

Une foule immense acclamait l'évêque et entourait sa

voiture quand il partit. Tout le monde pensait qu'il allait prendre la grande route, et chacun fut bien surpris de voir la voiture s'engager dans une ruelle étroite et écartée.

Piqués par la curiosité, plusieurs habitants suivirent la voiture, et quel ne fut pas leur étonnement en la voyant s'arrêter devant la maison de Gassendi !

L'évêque mit pied à terre et, s'avançant dans le petit jardin, s'annonça lui-même aux parents de Pierre, qui, tout émus, accouraient au-devant de l'évêque, témoignant par de bruyantes exclamations leur joie et leur reconnaissance.

« Voulez-vous me confier votre fils ? demanda l'évêque avec une grande affabilité.

— Quoi, monseigneur ! Est-ce possible ! Vous voulez vous charger de l'éducation de mon enfant ? demanda le père, tremblant de joie.

— C'est mon désir, répondit l'évêque, car cet enfant semble doué par Dieu d'une façon extraordinaire, et je suis sûr qu'il deviendra un jour un des plus brillants ornements de son pays. »

La mère, désolée à la pensée de la séparation, versait des larmes amères, et Pierre, accouru auprès d'elle, faisait tout son possible pour la consoler.

« Si vous consentez, continua l'évêque, je vais prendre votre fils avec moi, dans ma voiture. »

Pierre était radieux; son père le contemplait avec orgueil.

« Oui, monseigneur, répondit-il, oh ! bien volontiers. »

Mais la mère, dont le cœur se brisait, aurait voulu retarder le moment des adieux.

« Quelques jours ne seront pas de trop, dit-elle timidement, pour préparer et mettre en ordre ses petites affaires; il s'en va si loin !

— Je suppléerai à tout, répondit l'évêque. Confiez-le-moi, ma bonne mère, et prenez courage; pensez que c'est pour le bien de votre fils. Bientôt vous viendrez le voir à la ville. »

L'enfant embrassa son père, jeta plus tendrement encore ses bras autour du cou de sa mère en larmes; puis, s'arrachant à son étreinte, sur un signe de l'évêque, il s'assit en face de lui dans sa voiture.

Une semaine plus tard, Pierre Gassendi était étudiant au collège de Digne, où il avança rapidement dans l'étude des auteurs classiques et de la rhétorique.

A seize ans, il battit tous ses compétiteurs et obtint une chaire de professeur à l'Université. A vingt-deux ans, il était élu à l'unanimité pour occuper les chaires de philosophie et de théologie à l'université d'Aix, où il avait étudié les sciences, le grec, l'hébreu et les saintes Écritures. En 1623, il se retira, abandonnant tous les honneurs pour s'adonner complètement à l'étude, à laquelle il consacra le reste de sa vie.

Il possédait d'une façon merveilleuse les connaissances les plus variées.

Il fut à la fois antiquaire, historien, biographe, philosophe, astronome, mathématicien, anatomiste, naturaliste, orateur, linguiste, écrivain élégant et critique érudit. Auteur d'innombrables ouvrages et savant hors ligne, il se vit même confier l'éducation de Louis XIV.

Il était aussi modeste que savant, on ne put jamais le décider à se mettre en évidence. Il finit sa vie si bien remplie le 4 octobre 1655, sans avoir, disait-on, perdu un seul instant.

Il existe encore, paraît-il, dans le département des Basses-Alpes, une famille Gassendi, dont un des membres, le comte Gassendi, est capitaine d'artillerie.

---

# JOSEPH RIBEIRA

## OU L'ARTISTE ET SON CHIEN

# I

## L'ÉPAGNEUL

Vers la fin du mois de mai 1556, un joli petit chien, âgé de huit mois, s'échappait de la cour où, heureux et tranquille, il avait jusque-là vécu, comblé des soins et des caresses de sa mère et choyé par son maître Pedro, aubergiste à l'entrée de Placencia, dans l'Estramadure.

Depuis longtemps, attiré par l'inconnu, le petit épagneul nourrissait le projet de s'évader; mais au dernier moment il hésitait toujours.

Jugeant prudent de s'exercer peu à peu, il sortit d'abord sa jolie tête blanche, ornée au front d'un belle tache noire, son nez délicat et ses longues oreilles soyeuses. Puis, s'enhardissant, il avança une petite patte douce et velue, et leva l'autre, prêt à faire le premier pas, le pas décisif.

Un moment il s'arrêta; ses yeux perçants examinaient l'espace qui s'étendait devant lui.

A droite, les crêtes des montagnes gigantesques s'élevaient jusqu'aux cieux, avec leurs hauts sommets couverts de hameaux et leurs flancs chargés d'arbres.

A gauche s'étendait Placencia, montrant confusément ses maisons, ses rues, ses édifices, et au loin, sur une élévation dominant la ville, le monastère de Saint-Just.

En face, les rayons étincelants du soleil se reflétaient dans un grand lac limpide, semblable à une vaste plaine de cristal. Les petits oiseaux volaient ici et là, tantôt voltigeant sur les bords, tantôt rasant sa surface, légèrement agitée par la brise embaumée qui soufflait du sud.

A la fin, rapide comme l'éclair, l'épagneul bondit à travers la plaine et courut se cacher derrière un buisson.

A peine avait-il atteint ce refuge que le sifflet de son maître retentit à ses oreilles et qu'il vit sa mère, anxieuse et désolée, aller et venir sur le seuil de la porte.

La pauvre bête gémissait pitoyablement; ses cris d'angoisse se mêlaient au sifflet de son maître; mais rien ne pouvait rappeler le fugitif.

Il se sauvait, fuyant de buisson en buisson, se cachant le plus possible.

Il courut ainsi, au hasard, une partie de la journée. Enfin il atteignit une vaste plaine de sable, exposée de tous côtés au soleil brûlant.

Au delà s'étendait une rivière, dont le courant était si rapide, si impétueux, qu'il était impossible de la traverser à la nage.

Haletant de fatigue et mourant de faim, l'épagneul s'arrêta. Les rayons du soleil tombaient d'aplomb sur sa tête et le brûlaient; ses regards cherchèrent un abri; mais pas un arbre, rien, pour le protéger. La mort seule, une mort lente et douloureuse, se dressait devant lui.

Le petit fugitif tomba sur le sol et, pendant quelque temps, y demeura sans connaissance.

*
* *

Lorsqu'il revint à lui, ce fut bien pis encore. Un mauvais garnement l'avait ramassé et le tenait suspendu par les pattes de derrière, et cinq ou six méchants gamins, tout déguenillés, l'entouraient.

Dès que ces bourreaux le virent ouvrir les yeux et se débattre faiblement, ils poussèrent des cris de joie.

« Lâchons-le, chassons-le et tuons-le à coups de pierres, proposa l'un d'eux.

— Oui! oui! » crièrent-ils tous ensemble.

Aussitôt ils lancèrent la pauvre bête cinq ou six pas plus loin, et se mirent à ramasser des pierres.

Bientôt un caillou pointu siffla dans l'air, comme le fer que l'on trempe, et atteignit l'épagneul au flanc. Il essaya, mais en vain, de se relever et retomba, épuisé, sur le sol. Deux autres pierres l'atteignirent encore et le firent tressaillir.

A ce moment survint un jeune homme, qui s'avança vers le groupe. Il portait en bandoulière un havresac auquel était attaché un portefeuille, et s'appuyait sur une canne.

« Holà! cria-t-il, n'avez-vous pas pitié de ce pauvre animal? Laissez-le au moins mourir en paix. »

Un éclat de rire général accueillit ces paroles de pitié.

« Est-ce que ça vous regarde? répliqua le plus âgé de la bande, celui que nous avons présenté au lecteur tenant l'épagneul par les pattes de derrière. Passez votre chemin et mêlez-vous de vos affaires, ou vous pourriez bien recevoir une pierre dans l'oreille. »

Sans répondre, le jeune homme enleva son havresac,

le déposa contre une grosse pierre et brandit sa canne d'un air menaçant :

« Maintenant, cria-t-il, avancez, que je voie qui ose me dire de me taire ou s'avise de m'envoyer une pierre dans l'oreille. Je voudrais bien vous voir l'essayer. »

Les gamins échangèrent un regard en silence. Évidemment, l'air décidé de l'étranger les intimidait.

Celui-ci s'attendait sans doute à ce résultat, car il cessa de faire tournoyer sa canne et la piqua dans le sol.

« Laissez là ce chien, dit-il, ou allez lui chercher à manger et essayez de le ranimer.

— Je connais un meilleur moyen de le rappeler à la vie, reprit le vagabond à qui ces paroles étaient adressées. Vous allez bientôt le voir jouer des pattes d'une manière qui vous prouvera qu'il est loin d'être mourant. »

Ce disant, il prit l'épagneul et le jeta violemment dans la rivière, avant que personne eût eu le temps de l'en empêcher.

Quand le pauvre animal eut conscience du danger qui le menaçait, il battit des pattes en effet et nagea pendant quelques secondes dans l'espoir de regagner la rive; mais la rivière était si large, si profonde, et la petite bête si faible, que bientôt elle poussa un cri désespéré et cessa de nager.

Le jeune étranger, qui de la rive avait suivi avec anxiété les efforts de l'épagneul, enleva son manteau et, sans hésiter, se jeta à l'eau pour sauver son protégé.

La chose, hélas! n'était pas facile; car, je le répète, le courant était extrêmement rapide, et les pointes de rochers qui émergeaient de partout augmentaient encore la difficulté de nager dans ce torrent dangereux.

## II

### LE MOINE

Quand les enfants virent le jeune inconnu aux prises avec le courant et ne songeant qu'à sauver l'épagneul, ils oublièrent leur colère et leur querelle et, tout haletants, regardèrent le drame qui se déroulait devant eux, drame dont l'étranger était le principal héros.

Le pauvre chien, couché sur le dos, immobile, les pattes en l'air, était le jouet du courant. Tantôt il se jetait sur les rochers, où se brisaient les vagues furieuses; tantôt, avec la rapidité d'un poisson, il glissait sous la vague, au moment où le jeune homme étendait le bras pour le saisir.

Celui-ci, blessé à la main et à la poitrine, nageait quand même, résolu à sauver la vie du chien. Pendant plus de dix minutes, il s'ingénia à éviter les rochers avec un courage et une habileté qui auraient fait honneur à un homme. A la fin, le flot entraîna l'animal au large.

Tout joyeux, son sauveur s'élança à sa poursuite; mais, au moment de l'atteindre, un cri d'angoisse, parti de la rive, lui apprit la part que les enfants prenaient à son désappointement. Le chien, en effet, venait de s'enfoncer sous l'eau et de disparaître.

L'intrépide nageur plongea de nouveau et disparut à son tour.

Pendant près d'une minute, pas une ride ne troubla la surface de la rivière. Les enfants, cette fois, le crurent perdu, victime de son dévouement, quand tout à coup il reparut, vingt brasses plus loin, nageant d'une main et, de l'autre, soutenant l'épagneul.

Dès qu'il approcha du bord, ceux qui l'avaient si mal reçu tout à l'heure l'entourèrent et l'aidèrent à aborder, le félicitant, l'embrassant, lui serrant la main. Les uns lui offraient un fruit, les autres le vin de leurs gourdes, et les plus avisés voulaient le débarrasser de ses vêtements mouillés et les faire sécher au soleil, offrant généreusement les leurs pour le réchauffer.

« Ne vous occupez pas de moi, cria-t-il gaiement; mes vêtements sécheront bien sur mon dos. Tâchons d'abord de rappeler à la vie ce pauvre petit chien. »

Tout en parlant, il l'essuyait, le frictionnait, l'enveloppait dans les vêtements offerts par les enfants, essayant ainsi de le ranimer.

Mais tous les soins paraissaient inutiles.

« Il est mort! » murmura un des enfants à l'oreille de son compagnon.

« Il est mort! » pensait aussi son sauveur, en le déposant sur la terre et en le regardant d'un air désespéré et les yeux pleins de larmes.

« Tout espoir n'est peut-être pas perdu, » s'écria une voix derrière eux.

Les enfants se détournèrent et virent un moine, vêtu du costume de novice.

« Mon fils, dit-il, j'ai été témoin du courage et de la bonté d'âme dont vous avez fait preuve en essayant de sauver ce chien. Vous avez un cœur sensible et bon, et je ne crois pas que vous regrettiez jamais cette action généreuse. Mais allons au plus pressé, et, s'il n'est pas trop tard, essayons de le ranimer. »

En disant cela, il tira de sa poche un flacon, l'ouvrit et en fit respirer le contenu à l'épagneul, qui aussitôt se mit à éternuer, à la grande joie de tous, puis allongea les pattes, ouvrit les yeux et laissa échapper une faible plainte.

« Avez-vous quelque chose à lui donner à manger? demanda le moine. Je pense que la faim entre pour beaucoup dans sa faiblesse. »

Dix mains se tendirent pour offrir les friandises contenues dans leurs bissacs.

Le vieillard prit un morceau de pain trempé dans de la sauce d'*olla podrida,* en déposa quelques miettes sur les lèvres de l'animal, qui avança aussitôt la langue et les avala. Un plus gros morceau reçut bientôt le même accueil, puis un troisième.

Dix minutes plus tard, l'épagneul, tout à l'heure mourant, se trouva suffisamment remis pour ronger un os et remuer gentiment la queue, en signe de reconnaissance, pendant que son beau regard se fixait sur son sauveur.

« Maintenant que vous avez l'esprit tranquille sur le sort de votre jeune protégé, parlez-moi un peu de vous, mon ami, dit le moine. D'où venez-vous? Qu'est-ce qui vous amène ici? et que contient ce portefeuille attaché à votre havresac?

— Mon histoire n'est pas longue, mon Père; mais elle est bien triste, et je ne saurais la dire sans pleurer.

« Il y a huit mois, j'étais un des enfants les plus heureux de la terre. Mon père, né à Xativa, habitait la province de Valence et était secrétaire de l'alcade. Ses appointements nous assuraient une existence aisée et honorable.

« Instruit et bon, il employait tout le temps que lui laissaient les devoirs de sa profession à faire lui-même mon éducation. C'est ainsi que j'appris à lire, à écrire et même à dessiner.

« Mes parents, très fiers de mes progrès dans cet art, ne manquaient jamais de montrer mes dessins aux étrangers qui passaient par le village.

« Généralement ces visiteurs paraissaient émerveillés de mon talent, achetaient mes ébauches et me prédisaient un brillant avenir. En entendant ces louanges, mon père essuyait une larme et ma mère m'embrassait avec orgueil.

***

« Un soir, mon père rentra pâle et souffrant. Il se plaignit d'un violent mal de tête et se coucha aussitôt, sans partager notre souper.

« Avant de me mettre au lit, j'allai, comme d'habitude, lui souhaiter le bonsoir et recevoir sa bénédiction; mais il ne me répondit pas. Je crus qu'il dormait et m'en retournai doucement, en marchant sur la pointe du pied.

« A peine avais-je franchi la porte de ma chambre, qu'un pressentiment terrible s'empara de moi. Je revins sur mes pas et m'approchai du lit. Jamais je n'avais vu mon père aussi pâle; je pris sa main dans la mienne, elle était glacée! Effrayé, je poussai un tel cri, que ma mère accourut.

« Elle s'approcha du lit, regarda mon père avec stupeur, caressa le visage blême du mort et fut prise d'un accès de fou rire.

« — Chut! chut! s'écria-t-elle, il dort, ne le réveillons pas. Reste, je vais lui chanter sa romance favorite, et il dormira mieux encore. »

« Elle sauta sur le lit, mit la tête de mon père sur ses genoux, et commença à le bercer, en chantant doucement, à voix basse, une *seguedilla*.

« Ainsi, le même jour, le Tout-Puissant me frappa de deux coups terribles : il me prit mon père et priva ma mère de sa raison.

***

« Quand les prêtres vinrent pour faire la levée du corps et le conduire à l'église, ma mère autrefois si douce, si timide, fut prise d'un terrible accès de colère. Elle les injuriait, les frappait même, et, quand je voulus m'interposer, elle me traita avec la même violence.

« Pour mettre fin à cette scène lugubre, on fut obligé de l'étendre par terre et de lui attacher les pieds et les mains avec des cordes.

« Ma pauvre mère chérie! ai-je bien pu vivre et la contempler ainsi attachée? Ah! à ce moment fatal, que j'enviais le sort de mon père! que j'aurais été heureux de me coucher et de mourir!

*
* *

« Le temps n'amena aucune amélioration dans l'état de la pauvre folle. Mes soins les plus tendres et les plus assidus, loin de la calmer, ne firent qu'aggraver son mal.

« Ayant appris qu'un médecin de Valence faisait des cures merveilleuses parmi les malades atteints d'affections mentales, j'allai le trouver. Il me demanda, pour recevoir ma mère et la soigner, une somme bien supérieure à mes faibles ressources. Je vendis la petite maison et le joli jardin que m'avait laissés mon père, afin de réaliser une partie de la somme demandée, et je promis de m'acquitter complètement trois mois après.

« J'espérais, en utilisant mon talent dans l'art du dessin, me libérer complètement; mais, hélas! c'est à peine si j'arrive à manger du pain.

« J'offre partout mes dessins; mais je trouve difficilement un acheteur, et, quand j'arrive à en vendre un, les gens sourient avec dédain, comme si l'amateur ne me l'achetait que par pitié.

« Pourtant le temps passe, les trois mois touchent à leur fin, et, si dans quinze jours je n'ai pas versé la somme convenue, le docteur renverra ma pauvre mère de son asile.

— Mon enfant, reprit le vieillard, ne désespérez pas. Vous êtes un bon fils et un garçon courageux. La Providence peut juger bon de vous éprouver, mais elle ne vous abandonnera jamais. Ne soyez pas ingrat. Peut-être a-t-elle fait descendre de son trône un des plus puissants monarques de la terre, pour vous offrir l'aide dont vous avez actuellement besoin... Comment se nomme votre mère ?

— Marguerite Gil, veuve de Louis Ribeira.

— Et le docteur qui en est chargé ?

— Docteur Barrachido, de Valence.

— Très bien. Venez avec moi au monastère de Saint-Just, où je suis novice. Je crois que, sur ma demande, les bons Pères vous donneront l'hospitalité. Demain, s'il est possible, nous nous consulterons sur le meilleur moyen de vous venir en aide. Mais nous voici déjà amis, et vous ne m'avez pas dit votre nom.

— Joseph.

— Eh bien ! Joseph, venez avec moi. »

Le jeune homme se leva, mit son manteau sur sa chemise humide et se disposa à accompagner le moine.

Le petit épagneul, voyant son sauveur prêt à partir, commença à frotter sa tête contre les jambes de son maître et à remuer la queue, comme pour lui demander la permission de le suivre.

Joseph caressa le dos du pauvre chien, qui bondit de joie et montra si bien qu'il avait recouvré ses forces, que toute inquiétude disparut à son sujet.

Tous trois partirent d'un pas alerte.

Chemin faisant, Joseph examinait attentivement les traits de son compagnon, et il faut avouer que le résultat de cet examen ne fut point favorable au religieux.

Celui-ci, en effet, était de petite taille et marchait avec difficulté. De plus, ses petits yeux perçants, à demi cachés sous d'épais sourcils rouges, brillaient d'un éclat qui aurait mieux convenu à un habile marchand qu'à un habitant du cloître. Sa longue barbe rouge, sa bouche pincée, ses lèvres minces et un air de mystère répandu sur toute sa personne, tout excitait la défiance du jeune Ribeira. Il ne pouvait s'empêcher de se demander comment cet homme, qui paraissait bien avoir une soixantaine d'années, n'avait pas encore terminé son noviciat.

Quand ils furent arrivés à la porte du monastère de Saint-Just, le moine frappa avec force.

Un vieux religieux se hâta d'ouvrir.

« C'est bien sûr! vous, frère Arsène s'écria-t-il, je reconnaîtrais votre manière de frapper entre mille... Mais qu'amenez-vous ici, je vous prie? Vous savez que notre Père abbé ne vous permet pas d'avoir plus de deux personnes à votre service. Donc cet étranger ne peut être admis dans le monastère, et les règles de notre ordre défendent qu'un chien en franchisse les portes. »

Le moine fronça le sourcil et répliqua:

« Je prends tout sous ma responsabilité. Laissez entrer ce jeune homme et son chien. »

---

# III

## L'EMPEREUR

Après avoir conduit son protégé, toujours suivi de l'épagneul, par un long corridor, sur lequel, de chaque côté, s'ouvraient d'étroites cellules, le novice gagna une petite cour au fond de laquelle s'élevait un pavillon isolé, composé d'appartements séparés. Dans la première cellule, un jeune homme, assis à une table, écrivait, tandis qu'un vieux moine sommeillait dans un fauteuil de bois; mais, dès que le religieux parut, tous deux se levèrent et le saluèrent avec un profond respect.

Frère Arsène donna à voix basse des ordres au secrétaire, dit d'un ton mystérieux quelques mots au frère convers et introduisit Joseph dans une chambre dont les murs disparaissaient sous des horloges et des pièces d'horlogerie. Il y avait à peine la place d'un lit étroit et de deux grandes chaises grossières, les seuls meubles contenus dans la chambre.

« Vous le voyez, mon enfant, dit-il à son protégé, le

logement que j'ai pu, non sans peine, vous obtenir pour la nuit, n'est pas très grand; mais vous trouverez du moins un abri pour vous et votre chien, et un souper, que nous n'allons pas vous faire attendre. »

Il ouvrit un buffet, prit du fromage de lait de chèvre, des fruits secs, du pain de seigle et une outre contenant une demi-bouteille de vin. Il étala lui-même ces provisions sur la table, y plaça deux assiettes, récita le *benedicite* et invita le jeune homme à s'asseoir et à manger.

Joseph ne se fit pas prier et mangea d'un si bon appétit, que l'observateur le plus sérieux aurait eu bien de la peine à dissimuler un sourire.

Le chien, couché en rond sur les genoux de son maître, fixait ses yeux suppliants sur la nourriture qui disparaissait si rapidement entre les lèvres de Joseph; et plus d'un morceau choisi, changeant de destination, fut adroitement happé par le petit épagneul, qui, de toutes les souffrances endurées dans ce jour mémorable, semblait n'avoir gardé qu'une faim insatiable.

Le repas terminé et les *grâces* récitées à haute voix, le moine, qui n'avait pris que quelques cuillerées de lait, dit à Joseph :

« Maintenant, Joseph, étendez-vous sur ce lit, reposez-vous et passez une bonne nuit. »

Mais Joseph, ne voyant qu'un lit dans la chambre, se récria :

« Quoi! mon frère, à mon âge j'irais occuper votre propre lit, pendant que debout vous passeriez une nuit blanche! Je dormirai très bien par terre, ce ne sera pas la première fois, allez! Il m'est souvent arrivé de ne pouvoir me procurer un meilleur lit. D'ailleurs, je ne fermerais pas les yeux, si je pensais que vous avez pourvu à mon repos aux dépens du vôtre.

— Il y a bien des années que le sommeil proprement dit a visité mes paupières, répliqua le moine. Ainsi faites ce que je vous dis, et couchez-vous. »

Le jeune homme, que le repas copieux, le bain froid et l'extrême fatigue faisaient presque tomber de sommeil, obéit enfin et s'étendit sur le lit.

L'épagneul, sans plus de cérémonies, sauta hardiment sur les pieds de son maître et s'y coucha.

Cinq minutes après, la respiration douce et régulière des deux amis annonça qu'ils goûtaient l'un et l'autre les douceurs d'un sommeil calme et réparateur.

Frère Arsène les regarda quelque temps en silence et tomba peu à peu dans une profonde rêverie; puis il appuya sa tête contre la muraille, et un profond soupir s'échappa de ses lèvres. Alors, tombant à genoux devant un crucifix de bois, il pria avec ferveur, pendant que des pleurs coulaient sur son visage.

Le jour commençait à poindre, quand il parut recouvrer un peu de calme.

« Il dort encore, murmura-t-il en regardant Joseph, dont les lèvres, rouges comme des cerises, s'entr'ouvraient dans un doux sourire. Il dort, et, s'il rêve, ce rêve doit être quelque agréable vision, quelque brillant espoir d'avenir. Oh! jeunesse! jeunesse! le plus précieux de tous les trésors, que je voudrais encore être au temps de tes brillantes illusions et de tes merveilleuses promesses! »

L'épagneul s'éveilla le premier. Au bruit léger que fit le moine en portant à ses lèvres un bol de lait, il dressa ses longues oreilles soyeuses. D'un bond léger et gracieux, il fut auprès du vieillard et se coucha à ses pieds, lui faisant entendre, par son regard suppliant et le mouvement de sa queue, qu'il prendrait volontiers sa part du déjeuner.

Le moine comprit, et, en un clin d'œil, l'animal eut lapé le contenu d'une écuelle de bois, mise par terre, à son intention, par frère Arsène.

Après cette prouesse, trouvant sans doute que son maître avait assez dormi, il posa ses pattes de devant sur le lit et se mit à lécher la figure de Joseph. Le jeune homme s'étira, s'habilla promptement, dit ses prières et s'agenouilla pour baiser la main de son bienfaiteur, sans oublier de donner, en passant, une caresse à l'épagneul.

« Nous avons en mains une affaire importante, ce matin, dit frère Arsène, qui semblait guetter par la fenêtre l'arrivée de quelqu'un.

— Une affaire importante? demanda Joseph.

— Oui, répéta le moine sans quitter son poste d'observation; mais avant tout il faut trouver un nom pour votre chien.

— Veuillez lui en donner un vous-même, mon père; il me rappellera les nombreux bienfaits que vous avez déjà répandus sur un pauvre orphelin comme moi.

— Volontiers, mon fils. Eh bien! comme je crois que le chien, dont vous êtes devenu propriétaire par un acte qui vous fait honneur, est appelé à vous porter bonheur, nous l'appellerons Talisman.

— Merci! mon Père. Désormais il s'appellera ainsi, afin de me porter bonheur, ce qu'il a déjà fait du reste, puisque par lui je vous dois l'hospitalité, un bon souper et, ce qui vaut infiniment mieux, un accueil paternel et...

— Auquel vous pouvez ajouter un déjeuner que je vais vous servir, interrompit en riant le moine. J'espère aussi pouvoir vous offrir un dessert qui, si je ne me trompe, sera de votre goût. »

A ce moment Talisman courut à la fenêtre, à travers laquelle on entendait distinctement le galop d'un cheval. Frère Arsène sortit aussitôt et rentra, quelques minutes après, l'air mystérieux et satisfait.

« Joseph, dit-il, je viens de m'offrir une heure de satisfaction intime, de joie profonde, en pensant que je puis vous rendre aussi heureux que possible dans les circonstances actuelles. Ce petit coffret contient la réalisation de vos plus chers désirs. Venez voir si j'ai réussi à deviner les trois choses que vous souhaitez le plus ardemment au monde.

— Avant tout, je désire la guérison de ma mère, s'écria le jeune homme.

— Je ne suis pas un saint, mon ami, et Dieu n'accorde pas à un homme comme moi la grâce de faire des miracles. Je ne peux donc pas guérir votre mère; mais je peux beaucoup adoucir son triste sort. Voici des lettres patentes qui lui confèrent une pension pour toute sa vie, et lui permettront de rester chez son médecin actuel jusqu'à ce qu'il plaise au Tout-Puissant de la rappeler à Lui.

— Merci! mille fois merci! balbutia Joseph en éclatant en sanglots, soyez béni pour cette générosité sans mesure! Maintenant je ne désire plus rien.

— J'ai pensé qu'une centaine de couronnes d'or et un cheval pour vous rendre à Rome et y étudier la peinture ne vous seraient pas désagréables non plus. »

Joseph regarda le moine d'un air ahuri. Ses yeux brillaient d'une expression étrange. Il essaya de parler; mais ses lèvres se contractèrent convulsivement, et il ne put articuler un son. Alors, tombant à genoux devant le vieillard, il saisit ses mains et les couvrit de baisers.

Talisman, qui avait suivi cette scène avec une visible inquiétude, se mit à lécher les pleurs qui coulaient sur le visage de son jeune maître et à grogner contre le religieux, le croyant l'auteur du chagrin du pauvre garçon.

« Vous voulez me faire mourir de joie et de reconnaissance, bégaya enfin le jeune Espagnol. Comment pourrai-je jamais reconnaître tant de bienfaits?

— En priant pour moi, mon enfant, en vous conduisant comme un honnête homme, en faisant tous vos efforts pour acquérir, par votre talent et par vos œuvres, une réputation universelle, sans jamais avoir recours à ces expédients indignes d'un chrétien, et sans vous préparer pour l'avenir des remords ou de vains regrets... Voici, ajouta-t-il, le seul moment de vrai bonheur que j'aie goûté depuis bien des jours, et que votre joie et votre reconnaissance m'ont procuré.

— Votre nom sera soir et matin sur mes lèvres. Quand je m'agenouillerai devant Dieu, reprit Joseph, jamais je ne manquerai de prier pour vous.

— J'ai promis de vous accorder une troisième faveur : dites-moi ce que vous souhaitez. »

Le jeune homme rougit et hésita.

« Êtes-vous indécis, ou n'osez-vous pas m'exprimer votre désir? Ne vous ai-je pas donné ma parole? Allons, soyez sans crainte et parlez franchement.

— Le plus cher désir de mon cœur maintenant est de

savoir le nom que portait dans le monde mon bienfaiteur avant de prendre l'habit religieux. »

Le visage du moine s'assombrit.

Joseph partit au galop.

« Ne préféreriez-vous pas, à la révélation d'un secret qui ne vous intéresse que faiblement, la certitude de recevoir une pension de cent couronnes romaines pour les cinq années que vous passerez en Italie? dit-il.

— Si j'ai abusé de la faveur que vous m'avez accordée,

je vous supplie de me pardonner mon indiscrétion, répondit Joseph. Je vous relève de votre promesse, mais ne m'accablez pas de nouveaux bienfaits : il m'est impossible de les accepter, en échange d'un désir témérairement formé.

— J'ai promis de satisfaire tous vos désirs, dit frère Arsène, mais à la condition que vous accepterez la pension de cent couronnes romaines. Mon enfant, le moine que vous avez vu veiller sur vous dans sa cellule était connu, dans le monde, sous le nom d'Emperèur Charles-Quint.

Joseph tomba à genoux.

« L'empereur! murmura-t-il, l'empereur! celui dont la renommée s'est étendue par toute la terre! l'empereur, dans ce monastère et sous l'habit de novice!

— Lui-même, reprit le monarque. Dégoûté du monde et de ses vains attraits, et encore plus malade de cœur à cause de la fausseté des hommes, je suis venu chercher le repos au pied de l'autel. N'oubliez jamais que vous me devez une place dans vos prières. Je ne vous retiens plus. Adieu! On a amené votre cheval, allez et n'oubliez jamais frère Arsène.

— Sire, dit Joseph, toujours agenouillé devant l'empereur, Votre Majesté a déjà daigné me combler d'innombrables bienfaits. Oserai-je la supplier d'en ajouter un dernier?

— Qu'est-ce, mon enfant?

— Si vos mains impériales voulaient bien s'étendre sur moi et me bénir, je sens que le souvenir de cette bénédiction me donnerait la force de me rendre digne des faveurs que j'ai reçues. Une parcelle de ce génie, que le monde admire en vous, tomberait sur moi. »

L'empereur, très ému, étendit ses mains sur la tête du jeune homme.

« Seigneur! Dieu tout-puissant! dit-il en levant ses regards vers le ciel, bénis ce jeune homme, garde-le pur devant toi, et soutiens-le de ta main puissante au milieu des épreuves et des tentations de la vie. »

Joseph se releva tout fier.

Il baisa la main de l'empereur, sauta légèrement en selle et maintint si adroitement son noble et fier coursier, que le monarque ne put s'empêcher de louer la grâce et le courage du jeune et hardi cavalier.

Il lui fit de la main un signe d'adieu, et Joseph partit au galop.

Talisman, sautant de joie, prit les devants et partit en éclaireur.

---

# IV

## ROME

Monter un cheval splendide, posséder un joli petit chien, sentir ses poches pleines d'argent, aller à Rome, et surtout être le protégé d'un empereur, et d'un empereur aussi puissant que Charles-Quint, c'était vraiment plus qu'il n'en fallait pour tourner la tête à un jeune homme de seize ans.

A vrai dire, Joseph Ribeira ne laissait pas à l'argent le temps de lui trouer les poches, comme dit un proverbe espagnol; au contraire, il le dépensait si facilement, qu'il ne lui resta bientôt plus rien.

Après avoir vendu son cheval et payé son passage pour l'Italie, il lui restait à peine de quoi gagner Rome; mais pourquoi se tourmenter? Une fois dans la ville éternelle, il serait largement pourvu, grâce à la pension accordée par Charles-Quint.

Joseph Ribeira et son ami Talisman firent leur entrée dans la capitale du monde chrétien, avec la confiance et la gaieté qui les avaient caractérisés pendant tout le voyage.

Le temps n'avait fait que cimenter leur mutuelle affection; ils étaient plus que jamais attachés l'un à l'autre. Si, par hasard, ils se trouvaient un moment séparés; si, par exemple, Talisman s'amusait en chemin à poursuivre un oiseau, ou si Ribeira s'attardait à contempler quelque magnifique ruine, ils se cherchaient mutuellement avec le plus grand empressement, et témoignaient par leurs transports la joie de se retrouver ensemble.

C'étaient des larmes, des cris de joie, des caresses ou des reproches à n'en plus finir. Saint-Roch, tout saint qu'il était, ne possédait pas dans son chien un trésor plus grand que n'était pour Ribeira le petit compagnon si digne de la tendresse qu'il lui prodiguait.

Quand Joseph arriva à Rome, il ne possédait pas un sou. Son premier soin fut donc de se présenter à l'ambassade d'Espagne, pour recevoir le premier trimestre de sa pension.

Ce ne fut pas sans peine qu'il obtint une audience de Don Hieres y Lopa y Dolredo. Tout le monde repoussait le jeune homme, misérablement vêtu d'un costume de voyage tout usé, et Talisman était exclu sans façons, ce qui ne faisait pas l'affaire des deux amis. Le chien même témoignait si hautement son ennui, que ses aboiements résonnaient jusque dans l'intérieur du palais.

Quand Joseph eut expliqué son affaire à l'ambassadeur, celui-ci s'écria :

« Misérable imposteur, vous êtes venu trop tard! Hier encore j'aurais pu être dupe de votre infâme fourberie; mais sachez que, ce matin même, j'ai reçu la nouvelle de la mort de frère Arsène, le père de notre auguste souverain, le roi Philippe. Vous connaissiez sans doute cet événement; croyant que je l'ignorais, vous pensiez m'en imposer. Quittez le palais à l'instant, et si jamais vous y remettez les pieds, mes gens vous jetteront dehors et vous fouetteront par-dessus le marché. »

Joseph s'en alla en pleurant, non sur sa pauvreté, — il n'y pensait même pas, — mais sur la mort de son bienfaiteur.

Après avoir erré quelque temps dans la ville, en proie à la plus amère douleur, il s'assit sur une pierre milliaire et resta immobile, la tête dans ses mains et les yeux noyés de larmes.

Peu à peu un sentiment de tristesse infinie, causé par l'isolement où le plongeait la perte de son généreux bienfaiteur, s'empara de lui, comme pour ajouter encore à son immense douleur. Il se vit seul au monde, sans un sou, dans un pays étranger, dont il ignorait la langue et où il ne connaissait personne.

Comme il s'abandonnait au désespoir, il sentit une petite langue humide lui lécher doucement la main. C'était Talisman, qui, blotti tout près de lui, partageait sa peine et s'efforçait de le consoler.

« Mon pauvre Talisman, dit le jeune homme, qu'allons-nous devenir? Nous n'avons rien, pas même un morceau de pain pour dîner aujourd'hui. »

Talisman, fixant sur son maître ses yeux brillants, où rayonnait l'intelligence, sembla comprendre le dilemme dans lequel se débattait Joseph et lui répondit par un gémissement plaintif; puis il regarda à droite et à gauche et parut bientôt avoir trouvé le moyen de sortir d'embarras.

Un vieillard, vêtu de la robe rouge de cardinal et suivi par deux domestiques, s'avançait sur la route.

Sans se laisser intimider par la haute dignité de ce prince de l'Église, Talisman alla droit à lui et réussit à attirer son attention, en faisant toute une série de cabrioles et en exécutant, avec une merveilleuse agilité, mille autres petits tours.

Puis, saisissant délicatement entre ses dents un coin de la robe du cardinal, il l'entraîna de la façon la plus engageante vers la boutique du boulanger voisin.

Le cardinal, étonné de la sagacité du petit animal, lui donna un des plus gros pains de la boutique.

Loin de s'effrayer de la dimension de ce pain, l'épagneul le prit adroitement dans sa gueule et vint le déposer aux pieds de son maître; puis, s'asseyant à côté de lui, il attendit sa part de ce repas inattendu.

Cette scène parut vivement intéresser le cardinal, originaire lui aussi de l'Espagne.

Il s'avança vers Joseph et lui demanda son histoire.

Les réponses simples et naïves du jeune étranger produisirent une si bonne impression sur Son Éminence Don Giéronimo, qu'il proposa au pauvre garçon d'entrer à son service.

Ribeira accepta avec reconnaissance, mais à la condition de ne pas se séparer de son chien.

« Soit, » dit le cardinal.

Et il fit signe à Joseph de le suivre.

Par son intelligence, sa gaieté, son naturel charmant, Joseph Ribeira gagna bientôt les bonnes grâces de son maître, qui le fit admettre comme élève dans l'atelier de Michel-Ange Caravaggio.

Il n'en fut malheureusement pas ainsi du pauvre Talisman, qui se fit détester de tout le monde dans le palais.

Presque toujours séparé de son maître, il se livrait à tous ses caprices, brisant les vases les plus précieux, ne respectant même pas les appartements privés du cardinal et déchirant avec ses dents les plus riches tapis. Coups et réprimandes restaient sans effet sur lui.

Docile et obéissant en présence de Joseph, il devenait furieux quand celui-ci avait le dos tourné.

De tels excès ne pouvaient être tolérés, et le cardinal signifia à son page de le débarrasser de son chien.

Désobéir à cet ordre, c'était se plonger de nouveau dans la misère, se priver des leçons de Caravaggio et se fermer encore une fois, et pour toujours, la brillante carrière qui s'ouvrait devant lui.

Ribeira comprit qu'il devait, bien qu'il lui en coûtât, se séparer de Talisman.

Tout triste, il s'en alla à la recherche d'une bonne femme qu'il connaissait et qui habitait un quartier éloigné de la ville; il lui confia Talisman et lui promit une partie de ses gages pour le logement et la pension du petit animal, puis il embrassa tendrement l'épagneul et retourna au palais le cœur bien gros.

Quelques heures après il entendit un grand bruit dans la cour. Vite il courut voir ce que c'était et aperçut Talisman luttant de toutes ses forces contre les valets, qui ne voulaient pas le laisser passer et le cinglaient de leurs longs fouets.

L'un d'eux, mordu à la jambe, était étendu par terre et étanchait le sang qui coulait de ses blessures; un autre portait à la figure les marques des dents du chien, et un troisième, que Talisman tenait à la gorge, était presque étranglé.

A la vue de son maître, l'animal, oubliant sa colère et les coups de ses ennemis, vint se rouler aux pieds de Joseph, qu'il lécha tendrement, en poussant des cris plaintifs, comme pour lui reprocher de l'avoir abandonné.

Devant un pareil attachement, Joseph ne trouva pas la force de le gronder, ce qui accrût encore la colère des serviteurs, et l'intendant du cardinal donna aussitôt l'ordre de tuer sur-le-champ cet animal dangereux.

« Jamais ! jamais ! cria Joseph en faisant à Talisman un rempart de son corps.

— Osez-vous donc braver les ordres de votre maître? » demanda l'intendant.

Je n'ai plus de maître, répliqua-t-il. Mieux vaut la faim et la pauvreté que l'ingratitude. Vous n'avez rien à craindre de mon chien désormais, car nous allons quitter le palais tous les deux. »

Il monta dans sa petite chambre, enleva la riche livrée dont il était vêtu et endossa son vieux costume de voyage. Alors, passant au milieu des domestiques, il tourna le dos au toit qui l'avait abrité dans sa détresse, accompagné de Talisman, qui trottait fièrement à côté de lui, et montrait deux rangées de dents pointues et menaçantes.

Ribeira, désormais son propre maître, résolut de visiter Naples et partit aussitôt pour cette ville.

Pour vivre, il peignait des portraits, qu'on lui payait à raison d'une couronne chacun.

Il touchait au terme de son voyage, quand la fatigue et les privations qu'il avait endurées déterminèrent chez lui une maladie grave.

Attirés par les aboiements plaintifs de l'épagneul, des passants s'approchèrent et trouvèrent le jeune homme étendu sans connaissance sur la grand'route. Pris de pitié, ils le transportèrent dans l'hôpital voisin.

La pauvre bête, qui suivait son maître, ne put naturellement pénétrer dans l'établissement; mais, soit qu'elle eût profité de la leçon sévère reçue au palais du cardinal, soit qu'elle comprît les difficultés de sa position, elle n'essaya pas d'user de violence et de forcer la consigne.

Assis tristement sur le seuil de l'hospice, refusant toute nourriture, l'épagneul prodiguait les caresses les plus respectueuses aux sœurs qui sortaient de l'établissement; si bien qu'à la fin elles eurent pitié de lui et, un beau matin, le laissèrent se faufiler par la porte entr'ouverte.

Touché sans doute de cette faveur, il se montra très discret, très circonspect et, pour ne point attirer l'attention, n'avançait qu'en rampant. Il arriva ainsi à la salle où était Ribeira, et parcourut la rangée de lits dans laquelle se trouvait celui de son maître. Quand il l'eut atteint, il voulut sauter sur le lit; mais d'un regard une sœur l'arrêta.

Alors, se tenant debout sur ses pattes de derrière, il se contenta de frotter son nez contre le visage pâle et enfiévré de son maître.

Je vous laisse à penser la surprise de ce dernier et ses transports de joie à ce contact.

Mais le chien, qui semblait comprendre que cette agitation pouvait fatiguer le malade, se glissa sous le lit, et, à partir de ce moment, rien ne put le décider à quitter cette place.

Il épiait chaque mouvement de son maître, et au moindre geste il sortait sa tête et léchait la main qui se tendait vers lui.

Aux internes comme aux sœurs, il montrait toujours une docilité et une patience exemplaires. Il inventa, pour les amuser, mille et mille tours, et réussit enfin à gagner les bonnes grâces et l'affection de tout l'établissement.

Mais, loin d'abuser de la faveur dont il était l'objet, il se montrait si discret, que les docteurs eux-mêmes voulurent bien tolérer sa présence.

Après une longue et douloureuse maladie, le pauvre Ribeira entra enfin en convalescence, et, un beau matin de printemps, il obtint la permission de quitter son lit et de s'asseoir, au soleil, dans le jardin.

Talisman s'enroula autour du cou de Joseph, lui faisant un oreiller de son corps, et se mit à lécher son beau front, tout ravagé par la fièvre.

« Quel charmant groupe pour une peinture ! » dit en passant l'un des docteurs.

Ribeira retint cette exclamation, et, le soir même, il crayonna la scène.

Le lendemain matin, quand le médecin vint faire sa visite quotidienne, il lui présenta son ébauche.

« Mon ami, dit le docteur après avoir longtemps examiné le dessin, vous allez venir chez moi faire votre convalescence et vous me peindrez ce que vous avez si heureusement dessiné ici. »

Le soir même Joseph Ribeira était installé dans une jolie petite chambre, très confortablement aménagée et voisine d'un atelier dont les fenêtres s'ouvraient sur un magnifique jardin.

Talisman, qui semblait apprécier ce changement de résidence, s'établit sur une superbe peau de tigre, servant de descente de lit à son jeune maître.

## V

### LE PEINTRE

Dans la demeure de ce protecteur inattendu, Joseph Ribeira sembla, selon l'expression de Dante, avoir passé de l'hiver au printemps, des régions infernales au paradis.

Non seulement il recouvra la santé, goûtant les ineffables et mystérieuses joies de la convalescence; mais il put s'adonner complètement à l'étude de son art favori, et, délivré des soucis et des difficultés de l'existence, il marcha à grands pas dans la noble carrière qu'il avait choisie.

Sur le conseil du bon docteur, il peignit un saint Roch endormi.

Quand cette remarquable peinture fut achevée, il la plaça sur le balcon de son atelier, pour que le soleil pût sécher et fixer les couleurs.

Une demi-heure après, il entendit sous ses fenêtres du bruit et des exclamations telles, qu'il courut au balcon pour en connaître la cause.

Une foule immense était assemblée devant sa peinture et témoignait son admiration et son enthousiasme par de bruyantes exclamations.

Imaginez la joie que dut ressentir le pauvre artiste, si longtemps méconnu, en entendant le peuple entier rendre hommage à son génie.

Ribeira.

Le nombre des spectateurs était si grand, la foule devint si tumultueuse, que la petite cour espagnole qui alors gouvernait Naples s'alarma, supposant qu'un nouveau Masaniello haranguait le peuple et l'excitait à la révolte.

Le vice-roi se mit lui-même à la tête de ses troupes; mais quelle ne fut pas sa surprise en voyant ce qui avait causé un tel rassemblement!

Après avoir admiré la fameuse peinture, il apprit avec joie que le jeune artiste était Espagnol et par conséquent son compatriote.

Aussitôt il le nomma son peintre ordinaire, lui assura une magnifique pension et lui demanda d'habiter son palais.

« Monseigneur, répondit respectueusement Ribeira, quand j'étais pauvre et inconnu, un tendre et généreux protecteur, mon médecin, m'accueillit avec bonté dans sa maison. Permettez-moi de rester avec lui, maintenant que la fortune et la renommée veulent bien me sourire. Sa sympathie a allégé ma misère, laissez-moi partager mon bonheur avec lui.

— Je serais bien coupable si je séparais deux cœurs si nobles, reprit le vice-roi. Je vous ai nommé mon peintre, je le nomme également mon médecin, et, à ce titre, il aura, lui aussi, le droit de résider dans mon palais. »

La nouvelle de la magnificence du vice-roi se répandit bientôt dans la foule, et quand elle le vit s'éloigner, ayant le médecin à sa droite et Ribeira à sa gauche, son enthousiasme ne connut plus de bornes.

Les jeunes gens insistèrent pour porter le tableau en tête du cortège, et ce fut avec une pompe à faire envie que Joseph fit son entrée dans le palais ducal.

Talisman, avec la gravité et la dignité qui convenaient à sa nouvelle position, trottait à côté de son maître, ne montrant ni ostentation ni fausse modestie. Il avait conscience que sa beauté avait contribué au succès de la peinture, puisqu'il avait posé pour modèle du chien. Et puis le héros du jour n'était-il pas son plus vieux et son meilleur ami?

Dès lors la Providence, après avoir longtemps éprouvé notre héros, bénit ses efforts et les couronna de succès. Il s'en montra digne par l'ardeur et la persévérance avec lesquelles il s'adonna à l'étude de son art, et par les chefs-d'œuvre qu'il laissa après lui.

Parmi les principaux travaux qu'il exécuta vers cette époque, nous devons mentionner particulièrement plusieurs peintures qu'il fit pour le couvent de Saint-François-Xavier, et pour celui de *Gesu Nuovo.* Il peignit aussi dans la cathédrale, sous la coupole exécutée par Lanfranc, le *Martyre de saint Janvier; Saint Jérôme* et *Saint Bruno* pour l'église de la Sainte-Trinité; et pour les Chartreux, sa célèbre *Descente de Croix,* le chef-d'œuvre de toutes les peintures que Naples a gardées de son grand peintre espagnol.

Plusieurs productions de son pinceau se répandirent dans toute l'Italie, quelques-unes passèrent dans les autres contrées de l'Europe; mais la majeure partie retourna à son pays natal.

Naples était alors une province d'Espagne, et tous les personnages illustres en villégiature dans cette ville, ainsi que le vice-roi, comte de Monterey, rivalisaient de générosité envers Ribeira et le comblaient d'honneurs.

L'étudiant, qui peu de temps auparavant était entré à Rome couvert de haillons, était maintenant un artiste fameux et l'égal des princes et des grands de la terre.

L'académie de Saint-Luc brigua l'honneur de compter Ribeira parmi ses membres, et le pape lui fit remettre la décoration de l'ordre du Christ.

Un heureux mariage le plaça enfin à l'apogée de la félicité humaine, et ce fut encore à Talisman qu'il dut le couronnement de son bonheur.

Un soir que Ribeira se promenait avec son chien dans un endroit écarté du port de Marseille, son attention fut soudain attirée par une barque qui rentrait au port, et dans laquelle se trouvaient plusieurs personnes. La petite embarcation touchait presque au rivage, quand elle se heurta violemment contre un écueil. Le choc fut si violent qu'une jeune fille et un enfant furent précipités dans la mer.

Avec la rapidité de l'éclair, Ribeira se jeta à l'eau et, bon nageur, comme nous le connaissons, il réussit à sauver la jeune fille; mais l'enfant avait disparu, et, dans la confusion causée par l'accident, nul ne s'était aperçu de ce malheur.

Rien ne saurait exprimer le désespoir de la jeune fille. « Mon frère! s'écria-t-elle, mon frère! Oh! rendez-moi mon frère! »

A ce moment, il se fit une légère éclaboussure : c'était Talisman qui sortait de l'eau, tenant entre ses dents le petit garçon.

Il déposa son fardeau sur la plage aux pieds de son maître, et l'enfant, inconscient du danger auquel il venait d'échapper, tendit ses petits bras pour embrasser sa sœur.

On devine la joie de dona Giuseppa et les caresses que reçut Talisman.

Le père des deux naufragés vint le lendemain remercier le jeune artiste et essayer de payer sa dette de reconnaissance. Ribeira ne put dissimuler la profonde impression qu'avait faite sur lui donna Giuseppa, et, trois mois plus tard, leur mariage fut célébré à Naples avec une pompe qui étonna toute la ville.

Le misérable allait le frapper, quand il se sentit fortement saisi à la gorge.

On raconte qu'au festin, honoré de la présence du vice-roi, une petite fille de deux ans tenait en laisse un magnifique épagneul, et qu'à l'église un coussin de velours cramoisi frangé d'or avait été préparé aux pieds de la mariée pour recevoir Talisman.

Le chien s'enfonça dans le coussin et resta tranquillement à côté de sa jeune maîtresse.

Quand le cortège sortit de l'église, le peuple, qui connaissait le sauvetage opéré par Talisman, s'écria :

« Vive l'épagneul ! »

Celui-ci semblait avoir conscience de l'hommage rendu à sa bravoure. Il leva ses regards vers son maître, comme pour lui reporter ce tribut de louanges, et lécha doucement la main que lui tendait Joseph.

Tant de bonheur et de prospérité ne pouvait manquer d'exciter l'envie et la jalousie de ses rivaux, moins fortunés que lui. Les peintres, dont la renommée avait été éclipsée par Ribeira, se liguèrent contre lui, et de là naquirent ces *fazzioni di pittori,* ou ligues et cabales de peintres, dont l'Italie eut à rougir et qui dégradèrent leur art en le faisant servir aux plus viles intrigues.

Toute arme jugée nécessaire pour arriver à leurs fins était considérée comme loyale par un *fazzioni,* même la calomnie et le poignard. Aussi quand le pape appela Ribeira à Rome pour l'exécution de quelques travaux d'art très importants, sa femme, son beau-père et son vieil ami, le docteur, joignirent leurs instances à ceux de ses élèves pour le dissuader d'entreprendre une expédition aussi aventureuse; mais Ribeira sourit de leurs craintes et partit avec Talisman.

Le renom si justement acquis par Talisman étant arrivé jusqu'à Sa Sainteté, elle exprima le désir de voir cet animal célèbre, et, charmée par la gentillesse et la sagacité du chien, elle daigna lui donner de ses mains augustes quelques friandises. Ce soir-là, Joseph quitta le Vatican plus tard que de coutume.

Comme il allait partir, le Pape lui offrit une escorte; mais lui, dédaignant une telle précaution, rajusta son ceinturon, affermit son épée et s'en alla gaiement.

Comme il arrivait dans une rue écartée, il trébucha tout d'un coup et tomba lourdement, la face contre terre : une corde avait été mise en travers de la rue, et la violence du choc avait été telle que, pendant quelques instants, Ribeira resta complètement étourdi et par conséquent incapable de lutter contre un homme qui, le poignard à la main, s'était jeté sur lui.

Le misérable allait le frapper, quand il se sentit fortement saisi à la gorge : c'était Talisman qui avait volé au secours de son maître.

Une lutte terrible s'engaga alors entre l'assassin et l'épagneul. Le coquin plongea par trois fois son poignard dans la poitrine du noble animal, qui, loin de lâcher prise, serrait plus étroitement son adversaire dans une étreinte mortelle.

Tous deux, à la fin, tombèrent sur le pavé, où ils continuèrent pendant quelque temps un combat sans merci.

Cependant Ribeira, revenu de son étourdissement, vola au secours de son fidèle Talisman.

Le chien était victorieux : l'assassin, étranglé, gisait à terre.

Sans songer que son ennemi pouvait avoir des complices, Ribeira se hâta d'examiner les blessures de son sauveur.

Hélas! elles étaient si graves, qu'elles ne laissaient que peu d'espoir. Joseph prit le chien dans ses bras et le porta en toute hâte chez un célèbre chirurgien du voisinage.

« Sauvez-le! s'écria-t-il en fondant en larmes, sauvez-le, et la plus belle de mes peintures ne sera qu'une faible récompense. »

Le chirurgien sonda les blessures du pauvre Talisman, poussa un soupir et, sans beaucoup d'espoir, commença le pansement.

Le lendemain, tout Rome savait la gracieuse condescendance avec laquelle Sa Sainteté avait traité Talisman, l'héroïsme du brave chien et la lutte terrible qu'il avait eue à soutenir, et une foule immense, avide de nouvelles, assiégait la demeure de Ribeira.

Pendant ce temps, Talisman, étendu sur un coussin, la tête appuyée sur les genoux de son maître, était examiné par les plus célèbres chirurgiens de Rome, réunis en consultation.

Tout à coup le fidèle animal se souleva par un dernier effort, regarda tendrement son maître, lui lécha faiblement la main et retomba lourdement.

Il était mort!

« Que la volonté de Dieu soit faite! s'écria Ribeira, le visage inondé de larmes; mais j'aurais donné tout ce que je possède pour sauver mon chien! »

---

# AMYOT

## OU LE PETIT VAGABOND

# I

## LA FUITE

Il faisait un froid glacial. La terre, durcie et lézardée, était couverte de gelée blanche, et les toits des maisons, le clocher du village lointain, se montraient tout couverts de neige. Les grands arbres ressemblaient à des spectres, en balançant dans l'air leurs branches dépouillées, d'où pendaient de longues aiguilles de glace.

Un pauvre petit garçon, misérablement vêtu, les pieds nus dans de vieux souliers tout usés, suivait tristement le chemin battu qui allait de Melun rejoindre la route d'Orléans à Paris. Il n'y avait pas alors une belle grande route comme celle qui existe aujourd'hui, encore moins un chemin de fer emportant comme dans un tourbillon le voyageur, et lui faisant franchir en quelques heures la distance de Melun à la capitale. Nous parlons d'il y a trois cents ans, et, à cette époque, les routes qui traversaient la France n'étaient guère qu'une suite de fondrières, avec des ornières profondes et boueuses, quelquefois obstruées par des pierres et des troncs d'arbres; et même ces traces grossières et intermittentes disparaissaient tout à fait quand la route venait à traverser un champ ou un bois.

Il fallait donc plusieurs jours pour faire le voyage de Melun à Paris, et le pauvre enfant, qui n'avait pas la moindre idée des distances, s'était flatté d'arriver à Paris le soir même. Il savait que la Seine coulait de Melun à Paris et s'était dit :

« Ah! bien alors, ce ne doit pas être loin, et je serai rendu aussi vite que la Seine. »

Bien qu'il fût parti au petit jour et qu'il eût marché sans relâche une grande partie de la journée, les ombres de la nuit commençaient à s'étendre, et il ne distinguait pas encore le clocher de l'église d'Orléans. Il pensa qu'il s'était égaré; mais à qui demander sa route? Il n'avait rencontré personne, ni piéton, ni voiture d'aucune sorte, lui qui avait compté sur l'assistance des passants et s'était mis en route sans un morceau de pain!

Tout d'abord, pour ne pas se refroidir, il avait couru de toutes ses forces sur la route, le cœur plein de l'insouciante gaîté de l'enfance et de ses merveilleuses promesses. Il avait ensuite, pendant quelque temps, marché d'un bon pas; mais à la fin ses jambes commencèrent à faiblir, les tiraillements de la faim devinrent plus douloureux, et il se traînait péniblement sur la route.

Exténué, il tomba au pied d'un arbre, désormais incapable de distinguer son chemin à travers la neige, qui tombait à gros flocons, et la nuit, qui s'épaississait de plus en plus.

Il sanglotait, s'écriant à travers ses larmes : « Oh! mon Dieu! Oh! ma bonne, ma tendre mère! » paroles qui montent naturellement aux lèvres de l'enfant, et même à celles de l'homme qui souffre, car sur terre il n'est pas de meilleur refuge que le cœur d'une mère.

Ainsi, dans sa détresse, le pauvre petit vagabond appelait sa mère, cette mère que, le matin même, il avait quittée sans un mot d'adieu.

Tremblant de froid, mourant de faim, il allait s'abandonner au désespoir, quand il entendit le galop d'un cheval retentir sur la route empierrée.

Rassemblant alors toutes ses forces, il poussa un grand cri, dans l'espoir que quelqu'un viendrait à son secours. En effet, quelques minutes après, deux cavaliers, — un gentilhomme magnifiquement équipé et un intendant armé, — mettaient pied à terre et s'approchaient de lui.

---

## II

### LA CONFESSION

Dans la demi-obscurité, le gentilhomme pouvait à peine distinguer une forme humaine étendue sur le sol et paraissant inanimée.

« Qui êtes-vous? dit-il en touchant légèrement l'enfant, d'où venez-vous? et où allez-vous?

— Je viens de Melun et je vais à Paris, reprit le petit voyageur; mais mes jambes ne veulent plus me porter, et je meurs de faim.

— Ton air me plaît, » continua le gentilhomme.

Et, se tournant vers son intendant :

« Venez ici, Pierre, faites boire à ce petit malheureux deux ou trois gorgées à votre gourde pour le ranimer, et mettez-le sur le devant de ma selle. Mon cheval est plus fort que le vôtre, et, pendant que nous trotterons, ce petit vagabond me dira son histoire. »

L'intendant obéit, et les deux chevaux partirent au galop.

L'exercice et le généreux cordial que venait de prendre

le petit garçon produisirent chez lui une heureuse réaction, et, quelques minutes après, il avait recouvré ses forces et toute son énergie; aussi, pendant qu'il se cramponnait à la selle, se confondit-il en remerciements envers le bon gentilhomme.

« Eh bien! maintenant, comme nous sommes obligés d'aller doucement et avec précaution à cause du mauvais état de la route, tu vas me raconter ton histoire, et ne t'avise pas de mentir, ajouta son sauveur.

— Oh! non, je ne mentirai pas, bien que mon histoire soit triste et humiliante; mais je ne voudrais pas tromper un gentilhomme qui m'a sauvé la vie.

— Eh bien! je t'écoute : va, commence.

— Je m'apelle Jacques; mon père est petit mercier à Melun, près de l'église.

— J'arrive moi-même de Melun, que l'on aperçoit encore là-bas, reprit le gentilhomme. Continue.

— J'ai deux sœurs plus âgées que moi. Elles travaillent avec mon père et l'aident dans son commerce; mais, moi, je n'ai jamais eu de goût pour ce genre de travail; aussi ma mère, qui connaissait ma passion pour les livres, et dont je suis le préféré, fit tant et si bien auprès de mon père, qu'il finit par me payer l'école, quoiqu'il eût préféré me garder à la maison pour prendre soin de la boutique. Chaque fois qu'il me voyait lire, il m'appelait paresseux et propre à rien.

« Ce goût pour l'étude se manifesta dès ma plus tendre enfance.

« Quand, tout petit, j'allais le dimanche à l'église, tout le temps de l'office mes yeux ne quittaient pas les beaux missels des prêtres. Ils m'attiraient à ce point, que je les aurais volontiers volés, et cette impulsion extraordinaire, irrésistible, ne me semblait pas être l'œuvre du démon.

« J'appris très promptement à lire; mais je ne m'explique pas comment je peux lire les psaumes en latin, et trouver la signification de certains mots.

« J'aurais bien voulu posséder un livre à moi, un livre autre que ceux de l'école; mais, hélas! les livres coûtent cher, et je n'avais pas le sou!

« Ma mère m'avait bien promis de m'acheter un beau psautier. Elle espérait pouvoir à la longue économiser l'argent nécessaire pour cela, mais mon père la surveillait et ne lui permettait pas de rien mettre de côté.

« Nous étions d'ailleurs très pauvres, et le travail de toute la famille suffisait à peine à nous faire vivre. Seul, j'étais paresseux et vivais sans faire œuvre de mes dix doigts.

« Mon père me le reprochait sans cesse, si bien qu'à la fin ça ne me faisait plus rien.

« J'avais conscience que mon cerveau travaillait, si mes mains ne faisaient guère d'ouvrage.

« Hier ma mère et mes sœurs étaient occupées à pétrir et à boulanger les gros pains bis que nous mangeons habituellement. Mon père, obligé de sortir pour faire quelques courses, m'appela et me dit :

— « Tu peux au moins garder la boutique, si tu ne peux pas faire autre chose, paresseux! Et surtout ne t'avise pas de toucher à quoi que ce soit. »

« Il partit en me menaçant, et je restai sur le seuil de la porte à regarder les passants.

« Tout à coup j'aperçus un libraire qui se dirigeait de mon côté. Il était allé à l'église et à l'école, pour vendre ses livres, dont il semblait avoir une bonne provision.

« — Oh! venez, lui dis-je, laissez-moi regarder vos beaux livres; car, comme dit le vieux proverbe, la vue ne coûte rien.

« — Mais elle me coûterait mon temps, repartit le libraire, et, comme je suis pressé et que probablement vous ne m'achèterez rien, je ne déballerai pas ma marchandise.

« — Déballez-la, je vous en prie! lui dis-je, car je pourrai peut-être bien vous acheter un livre. »

« Comment ai-je pu dire cela? Je ne sais; mais ce fut ma perte. Après m'être avancé ainsi, je ne voulus pas reculer, de peur que le libraire ne se moquât de moi.

« Il entra donc dans la boutique, défit son paquet, et montra à mes yeux ravis un magnifique livre des saints Évangiles.

« — Cela vaut une couronne[1], dit l'homme, c'est à prendre ou à laisser. Mais je vois que c'est plus que vous ne pouvez donner, ajouta-t-il d'un ton moqueur.

« — Attendez une minute, » répondis-je en ouvrant le tiroir où mon père mettait ce qu'il gagnait.

« Après avoir tourné et retourné l'argent, je pris une couronne en menue monnaie et la tendis au libraire.

« Quand il fut parti, je cachai mon livre sous ma blouse. J'étais tout tremblant, car soudain j'avais eu conscience d'avoir commis un vol. J'aurais voulu rappeler le marchand, mais il était trop tard; mon père pouvait rentrer d'un moment à l'autre. Que faire? Il me semblait déjà



[1] La couronne valait six francs.

sentir le poids de sa colère : c'était comme un coup de foudre.

« Si seulement ma mère avait été là, elle m'aurait défendu; mais elle était absente, et je n'avais rien à espérer.

« Fou de terreur, j'ouvris précipitamment la porte qui donnait dans la boutique et montai en courant jusqu'au haut de la maison. Je me barricadai dans le petit grenier qui me servait de chambre, et je m'assis sur mon lit.

« N'entendant pas de bruit en bas, je me hasardai à jeter un coup d'œil sur mon livre. Je le tirai de dessous mes vêtements et fus bientôt absorbé par le touchant récit de la Passion de Notre-Seigneur Jésus-Christ. Je ne comprenais qu'à demi et faisais tant d'efforts pour saisir le sens des mots, qu'à la fin j'oubliai mon crime et ses conséquences : la colère de mon père et le châtiment qui m'attendait.

« Le bonheur de posséder un livre à moi dominait tout le reste.

« Soudain un bruit de voix dans la boutique m'apprit que mon père était de retour et furieux contre moi.

« Je devinai que ma mère essayait en vain de le calmer.

« Bien vite je glissai mon livre sous mon matelas et me cachai sous mon lit. J'entendis monter l'escalier, et, ne doutant pas que ce fût mon père, je m'attendais à recevoir une grêle de coups.

« Pourtant, les pas me semblant plus légers que ceux de mon père, je me rassurai bientôt en me disant que ce ne pouvait être que ma mère ou une de mes sœurs qui approchait de ma porte.

« On frappa.

« — C'est moi, c'est Jeanne, ouvre vite, » dit ma sœur aînée.

« Je me précipitai vers la porte, l'ouvris et la refermai dès que Jeanne fut entrée.

« — Prends tes affaires et va-t'en tout de suite! s'écria-t-elle. Mon père veut te tuer. Il dit que tu es un voleur, que tu as pris de l'argent dans le tiroir.

« — J'ai pris une couronne pour acheter ce livre-là, dis-je en tirant les Évangiles de dessous le matelas.

« — N'importe! tu as volé notre père, reprit ma sœur d'un ton sévère, et rien ne justifie ta faute; mais il ne faut pas que tu restes ici. Père te croit à courir par la ville, et il a juré, s'il te trouve, de te tuer ou de te livrer aux juges pour être puni comme voleur. »

« Le mot de voleur ainsi répété me brisait le cœur, et j'éclatai en sanglots.

« — Ce n'est pas le moment de pleurer. Tu n'a pas de temps à perdre, dit ma sœur, sauve-toi par la cour et cache-toi chez le boucher, qui, étant ton parrain, voudra bien t'aider à te sauver; ma mère ira te trouver ce soir. »

« Je mis mon livre, cause de mon malheur, entre ma chemise et mon vêtement, et je partis aussitôt.

« J'arrivai bientôt à la maison de mon parrain, mais j'hésitai à entrer, craignant les explications et les remontrances qui, certainement, m'allaient être faites.

« Je m'assis donc sous un hangar extérieur, où mon parrain avait l'habitude de mettre ses bœufs. Ainsi installé au chaud et à l'abri, je m'aventurai à tirer encore mon livre et continuai à lire jusqu'à la nuit.

« J'étais placé de manière à pouvoir guetter l'arrivée de

ma mère, et, dès que je reconnus son pas, je courus à elle.

« Loin de craindre sa rencontre, comme je le faisais pour mon père, il me sembla qu'un ange du ciel venait vers moi. Je mis mes bras autour de son cou, et, tout en larmes, je lui confessai ma faute.

« — Je sais, me dit-elle en regardant mon livre, que tu n'as pas pris de l'argent pour un mauvais motif; mais ton père ne veut pas m'écouter. J'ai eu bien de la peine à le calmer, et si tu t'en vas d'ici, je me demande comment tu feras pour vivre, mon pauvre enfant. J'ai d'abord eu l'idée de prier ton parrain de te cacher pendant quelque temps; mais ton père te trouverait sûrement, et ce serait un malheur pour toi.

« — Oui, chère mère, il vaut mieux que je m'en aille, loin, bien loin, et que j'essaye de gagner ma vie. Je veux voir Paris et apprendre toutes les choses dont m'a parlé le maître d'école.

« — C'est de la folie de penser ça, mon petit Jacques ! Que deviendrait un pauvre enfant comme toi dans cette grande ville? »

« Il m'est impossible de me rappeler maintenant tout ce que je dis pour persuader à ma mère que Paris serait pour moi un véritable paradis. Les paroles qui sortaient de mes lèvres semblaient m'être soufflées par quelqu'un.

« A la fin il fut convenu que, le lendemain, je serais confié à des bateliers qui descendaient la Seine, de Melun à Paris, et qu'ils m'apporteraient toutes les semaines un gros pain, afin que je ne souffre pas de la faim.

« — Mais à propos, tu n'as pas soupé, mon pauvre Jacques! ajouta ma mère. Tiens! voici des noix et un de tes gâteaux favoris, que j'ai fait pour toi. Mange, couche-toi et dors sous ce hangar, puisque tu aimes mieux cela. Demain matin, dès qu'il fera jour, je reviendrai. »

« Elle m'embrassa, et, quand j'eus bien dîné, je m'étendis sur la litière qui servait aux vaches, et je fis un drôle de rêve. Je me voyais dans le palais du roi de France, couvert de beaux habits et causant sans cérémonie avec les enfants du roi, ou plutôt ils me traitaient avec beaucoup de respect et m'appelaient leur maître.

« Je ne sais pas ce que ça signifie. Toujours est-il que, dans ce rêve, je vis des choses magnifiques, des monuments de toutes sortes, des palais, des églises, des collèges, que je suis certain de revoir à Paris, et je m'entendis appeler par tant de voix, que ce matin, à la pointe du jour, sans savoir ce que je faisais, sans même penser à ma mère, à son désappointement et à sa peine quand elle me verrait parti, je m'enfuis en courant à toutes jambes sur la route de Paris.

« J'avais si grand'peur que, quelque chose venant à m'empêcher de partir, je ne pusse jamais voir la capitale, que j'ajoutai à ma faute d'hier celle, plus grande encore, de quitter ma bonne mère sans attendre son baiser d'adieu.

« Le Ciel m'a déjà puni; car sans vous, mon bon monsieur, je serais mort de froid et de faim sur la route, et j'aurais été mangé par les loups.

— Allons, allons, tu n'es pas un vagabond comme je le craignais, reprit le gentilhomme, quand le petit garçon eut fini son histoire. Tu vas rester deux ou trois jours à

Orléans pour te remettre, ensuite tu fileras à Paris; et demain, quand je retournerai à Melun, j'irai voir ta mère et lui donner de tes nouvelles, car la pauvre femme doit être bien inquiète de toi. »

Petit Jacques, ému de tant de bonté, se confondit en remerciements.

---

## III

### LES ÉPREUVES

Depuis quelques instants le voyageur laissait les rênes flotter sur le cou de son cheval; mais à ce moment ils entrèrent dans une plaine où la route conduisant à Orléans était unie et agréable. Le cheval partit au grand trot; l'enfant cessa de parler et resta immobile tout le reste du voyage.

Le gentilhomme, croyant qu'il s'était endormi, ne s'en occupa pas davantage; mais, quand il eut atteint l'hôtellerie où il devait passer la nuit, et qu'il eut secoué petit Jacques pour le réveiller, il s'aperçut que l'enfant avait perdu connaissance et était tout brûlant de fièvre.

Le cordial qu'il lui avait fait prendre n'avait produit qu'une réaction momentanée.

Que faire?

Le gentilhomme connaissait depuis longtemps la charité des bonnes Sœurs de l'hôpital. Il résolut donc de leur confier son petit compagnon.

Le lendemain, avant de retourner à Melun, il alla le

voir. La fièvre avait baissé; mais il était très faible et ne pouvait se tourner dans son lit.

Il le recommanda de nouveau aux soins des religieuses, remit à l'enfant une lettre de recommandation pour Paris et s'en alla, en lui promettant d'aller, le soir même, donner de ses nouvelles à sa mère et la consoler.

Trois jours de repos et de bons soins suffirent pour remettre petit Jacques. Dès lors il ne pensa plus qu'à partir pour Paris le plus tôt possible.

La supérieure lui donna douze sous et des provisions, qui lui permirent d'achever son voyage sans difficultés.

En quittant l'hôpital, si justement appelé Hôtel-Dieu, où le malade pauvre trouve toujours un refuge, il fit un vœu qui se grava profondément dans son cœur. Il promit solennellement, si jamais il devenait riche, de doter l'hôpital d'Orléans.

Enfin il arriva à Paris. Le temps était magnifique. Il partit aussitôt voir le palais du roi, les nombreuses églises et les monuments qui ornaient la capitale.

La lettre de recommandation de son bienfaiteur était adressée au directeur d'un des nombreux collèges de Paris. Elle ne sollicitait pas l'admission de l'enfant dans le collège comme étudiant, — c'eût été trop demander pour ce pauvre petit mendiant, vêtu d'habits grossiers et tout usés, le fils d'un boutiquier de campagne. Elle demandait seulement qu'il fût employé à faire les commissions et à servir les professeurs et les étudiants, sauf à voir ce qu'on ferait plus tard, s'il montrait des dispositions extraordinaires pour l'étude.

Le directeur, à qui Jacques présenta sa lettre d'introduction, était très occupé et un peu bourru.

« Vous pouvez vous tenir à la porte du collège, lui dit-il sèchement. Je donnerai des ordres pour que personne

Il partit aussitôt voir le palais du roi.

ne vous moleste, et nous verrons à vous faire faire quelques petites commissions. »

Là-dessus il congédia le pauvre enfant; mais Jacques était un garçon ferme et résolu, que les obstacles ne décourageaient pas facilement.

A cette époque, il y avait presque toujours de petites constructions adossées aux murs des collèges, des couvents et des églises.

Or, devant le collège dont nous parlons, se trouvaient une échoppe appartenant à un cordonnier, et une autre à un marchand d'images. Ce dernier vendait aussi des chapelets et des livres de piété. A côté était un petit hangar, sous lequel un aveugle s'était installé avec son chien.

Notre héros se mit sous l'arche de la porte cochère, qui était presque toujours fermée, y plaça un banc peu élevé, qu'il recouvrit d'une botte de paille achetée moyennant quelques sous, et, ainsi installé dans son nouveau logement, il soupa gaiement des restes des provisions que lui avaient données les bonnes Sœurs.

La nuit était froide; aussi, pour ne pas perdre sa chaleur, Jacques s'enfonça tout entier dans la paille.

En s'éveillant, le lendemain matin, il se mit à courir de toutes ses forces, allant et venant dans la rue, pour se réchauffer un peu.

Il attira bientôt l'attention du marchand d'images et du savetier, qui l'envoyèrent faire quelques commissions, et le payèrent en lui donnant une bonne soupe chaude, ce dont il leur fut très reconnaissant.

Dans ce temps-là les étudiants ne demeuraient pas à l'université, et, comme ils se réunissaient le matin pour se rendre dans leurs classes, ils aperçurent le petit portier, dont l'air intelligent et réfléchi les disposa tout de suite en sa faveur.

Il était assis sur la paille fraîche, les jambes pendantes, et lisait dans son fameux livre des saints Évangiles.

Quelques-uns parmi les plus anciens étudiants le questionnèrent, et, apprenant qu'il serait leur commissionnaire, ils résolurent de l'employer le plus possible. Dès le premier jour, il gagna quelque petite chose.

Alors il s'entendit avec le marchand d'images pour se chauffer à son foyer et prendre ses repas chez lui. Pour comble de bonheur, celui-ci lui promit de lui prêter quelques livres.

Il avait écrit à sa mère dès le jour de son arrivée, et en avait bientôt reçu l'annonce d'un gros pain confié aux bateliers de Melun.

Tout joyeux, il se rendit donc sur les bords de la Seine, où les bateliers amarraient leurs bateaux, et il reconnut un vieil ami et voisin de Melun, qui le guettait aussi et lui cria :

« Ohé! petit Jacques, approche donc, j'ai quelque chose pour toi. »

Et quand il se fut approché, le batelier lui donna une bonne poignée de main et lui mit dans les bras un énorme pain bis, dont la circonférence dépassait celle d'une roue de brouette.

L'enfant fut ému jusqu'aux larmes, à la vue de ce pain pétri et boulangé par sa tendre mère, qui lui avait promis de lui en envoyer un semblable toutes les semaines.

Il fit au batelier maintes questions sur sa mère et ses sœurs et s'en retourna, cherchant en lui-même ce qu'il pourrait bien faire pour prouver sa reconnaissance à une si bonne mère.

Faire partie du personnel du collège, être reçu comme

étudiant et devenir un jour un savant, c'était son rêve, le but unique de tous ses efforts; mais comment atteindre à une telle distinction? Il se rappelait la réception peu encourageante du directeur, et il n'osait compter sur sa protection.

Tout en se livrant à ces méditations, il atteignit, sans s'en apercevoir, la porte du collège. Il déposa son gros pain dans la loge du marchand d'images et en coupa un bon morceau, qu'il dévora avec un plaisir infini; puis il retourna dans son coin, en attendant les pratiques.

Il y avait eu congé le jour précédent, et une dame ramenait au collège ses deux fils.

« A votre service, madame. A votre service, messieurs! dit petit Jacques, selon son habitude d'aborder les passants.

— Regarde! c'est notre petit commissionnaire, » dit un des écoliers à son frère.

Et, montrant petit Jacques à sa mère :

« Il faudrait tâcher, mère, de lui trouver quelque emploi, où il pourrait gagner plus qu'ici. »

La mère regarda le petit garçon et fut charmée par la douce expression de sa physionomie et ses manières avenantes.

Il avait encore en mains son livre des Évangiles. La dame s'approcha, regarda le livre, causa un peu avec l'enfant et s'aperçut bien vite de son désir ardent de s'instruire.

« Voulez-vous accompagner tous les jours mes fils au collège? lui demanda-t-elle d'un air aimable. Je parlerai aux professeurs; j'obtiendrai sans doute pour vous l'autorisation d'assister aux cours, et ainsi vous pourrez apprendre beaucoup de choses. »

Le pauvre garçon, incapable d'exprimer par des paroles sa reconnaissance, tomba à genoux et baisa le bas de la robe de la dame.

Quelques minutes après, il était admis dans l'intérieur

Jacques Amyot.

du collège. La dame avait parlé au directeur, qui cette fois le reçut d'une façon plus courtoise.

Il lui alloua une petite mansarde sous le toit du collège et lui permit, tout en servant de domestique aux fils de la bonne dame, de partager leurs études.

## IV

### SUCCÈS

A partir de ce moment, la vie de petit Jacques fut moins dure, et son acharnement au travail ne connut plus de bornes. Le gros pain qu'il recevait régulièrement de Melun assurait sa subsistance. Il put même, grâce aux modestes gages que lui donnait sa bienfaitrice, s'offrir le luxe d'un peu de fruits ou de légumes et s'acheter un costume décent. Enfin, — ô bonheur suprême! — il parvint à acheter quelques livres.

Il était encore très pauvre, mais riche d'espérance, riche des trésors de la science qui s'ouvraient devant lui.

Il ne lui vint jamais à l'idée d'envier la fortune de ses condisciples; sa seule ambition était de les surpasser dans leurs études.

Quel exemple, pour les autres étudiants, que cet enfant de parents pauvres, les servant gaiement pendant les récréations et les surpassant ensuite en classe!

La majeure partie de ses nuits était employée à étudier et à écrire, et cela à la lueur des charbons embrasés, car il ne pouvait se payer de la lumière.

Il fit promptement de merveilleux progrès en latin et résolut d'apprendre à fond la langue grecque, qui n'était pas encore connue en France, sauf de quelques savants illustres.

Les ouvrages des plus célèbres auteurs grecs ne furent imprimés à Paris que vingt ans plus tard. Les livres coûtaient donc très cher, et petit Jacques était très pauvre; mais sa volonté énergique surmonta tous les obstacles, et, grâce à un travail acharné, il triompha des difficultés de la langue grecque.

Un jour qu'il passait un examen devant François Ier et sa sœur, Marguerite de Navarre, très versée dans la connaissance de cette langue, le roi et la princesse, émerveillés de son savoir, le comblèrent d'éloges et lui promirent leur protection, en prophétisant qu'il deviendrait plus tard un des plus beaux ornements de la France.

Le lendemain, le batelier de Melun amenait à Paris un homme et une femme, pauvrement vêtus du costume des basses classes à cette époque : c'étaient le père et la mère d'Amyot.

« Oh! mon cher enfant, s'écria sa mère en le pressant sur son sein, je t'amène ton père. Il t'a pardonné, il est fier de toi!

— Oh! mon père! mon bon père! s'écria Amyot, en se jetant dans les bras de son père. Et vous, mère bien-aimée, merci! merci! » ajouta-t-il, les yeux pleins de larmes.

Et tout le jour se passa en doux épanchements qui leur firent oublier leur longue séparation et les années d'épreuves.

Après avoir terminé ses études classiques, Amyot prit son brevet de maître ès arts. Il s'adonna, à Bourges, à l'étude du droit civil; et là, Me Colleu, qui était alors lecteur du roi, lui confia l'éducation de ses deux neveux et lui obtint une chaire de professeur de grec et de latin.

C'est vers ce temps qu'Amyot commença sa traduction des *Vies de Plutarque,* dont il dédia la première partie à François Ier.

Désirant voir les manuscrits de Plutarque qui se trouvaient en Italie, il s'y rendit en compagnie de l'ambassadeur de France, et, à son retour à Paris, il fut nommé précepteur des deux fils de Henri II.

Bien que très occupé par les devoirs de cette charge, il trouva encore le temps de compléter la traduction des *Vies de Plutarque,* dont il dédia la suite à Henri II, et commença celle des autres ouvrages du même auteur.

Nommé grand-aumônier du roi, il fut, peu de temps après, promu à l'archevêché d'Auxerre.

Il fut comblé d'honneurs par son élève Charles IX[1], et quand son autre élève, Henri III, monta sur le trône, il le confirma dans toutes ses dignités et le nomma commandeur de l'ordre du Saint-Esprit.

Amyot passa les dernières années de sa vie dans son diocèse, et se voua exclusivement à l'étude et aux devoirs de son ministère.

Il mourut à Auxerre, le 6 février 1593, dans sa quatre-vingtième année. Il avait fait un legs magnifique à l'hôpital d'Orléans, en reconnaissance des bienfaits qu'il en avait reçus au temps de son indigence.

[1] Un jour qu'il sollicitait de lui les revenus d'une nouvelle abbaye : « Ne m'avez-vous pas assuré, autrefois, lui dit le roi, que vous borneriez votre ambition à mille écus de rente? — Oui, sire, répondit Amyot; mais l'appétit vient en mangeant. »

# ANTOINE WATTEAU

## OU LE PETIT COUVREUR

# I

## LA FEMME DU COUVREUR

« Où donc est Antoine? demanda une femme vêtue comme les paysannes de Valenciennes à son mari, dont les vêtements indiquaient l'état de couvreur.

— Est-ce qu'il n'est pas ici? demanda à son tour le couvreur, en s'asseyant à une table où sa femme venait de poser une soupière de soupe fumante.

— S'il était ici, je ne te demanderais pas où il est, repartit vivement celle-ci.

— Allons, allons, Colinette, ne t'emporte pas, dit le père en se servant de la soupe. S'il n'est pas ici, c'est qu'il est ailleurs.

— Comme il dit ça! quel air indifférent! reprit Colinette, debout, les bras croisés devant son mari. Comme il mange sa soupe! là, en soufflant dessus comme...

— Comme si elle brûlait, dit le couvreur, et elle brûle, ajouta-t-il en riant.

— Comme si Antoine n'était pas ton fils, aussi bien que le mien! reprit la mère en colère.

— Qui te dit le contraire, ma femme! demanda le couvreur, dont le calme contrastait avec la pétulance de sa compagne.

— Alors pourquoi n'es-tu pas inquiet, dis?

— Parce que Valenciennes n'est pas si grand, ni Antoine si petit, pour s'y perdre, ma bonne Colinette!

— S'il n'est pas perdu, alors tu sais où il est?

— Dame! peut-être que je devine.

— Que veux-tu dire avec cette manière de me répondre? Ton fils et toi, vous vous faites des signes, et depuis quelque temps vous avez des airs de mystère, des chuchotements, des clignements d'yeux, des sourires auxquels je ne comprends rien. L'enfant ne te quitte jamais, à ce que tu dis, et pourtant il n'est jamais avec toi. Mais tu sais, j'aime tant mon Antoine, que l'idée que toi ou lui me cachez quelque chose...

— Eh! que pouvons-nous te cacher, ma bonne femme? dit tendrement le couvreur.

— Je vais te le dire. Depuis quelques jours, Antoine sort, tous les matins, proprement vêtu et revient de même.

— Pas de mal à ça, dit Wateau. Ça prouve tout simplement qu'Antoine ne salit pas ses vêtements en route.

— Ça prouve,... ça prouve... qu'Antoine ne travaille pas sur les toits, dit Colinette, feignant de ne pas voir le sourire en dessous de son mari.

— Eh bien! c'est probablement qu'il travaille dessous.

— Mais son métier n'est pas de travailler dessous, mais dessus, répliqua aigrement Colinette. Et puis, car il faut que je te dise ce que j'ai dans l'idée, je suis sûre, oui, sûre, qu'il ne t'accompagne pas dans les nouvelles maisons de M. Millet. Enfin, Watteau, je sais où est Antoine.

— Si tu le sais, pourquoi le demandes-tu? dit le couvreur, en finissant son dîner et en se levant pour sortir.

— Parce que,... parce que... Où vas-tu? demanda Colinette en se plaçant devant la porte et en barrant le passage à son mari. Je sais où tu vas. Tu es mal à l'aise, et tu veux me faire croire que tu ne l'es pas. Eh bien! tu vas chercher Antoine. Mais le voici, » ajouta-t-elle en voyant paraître un grand beau garçon, pâle et maigre.

---

## II

### LA LETTRE

« Une lettre, père, dit Antoine en entrant. Bonjour, mère !

— Bonjour! Mais d'où viens-tu? Qu'est-ce que c'est que cette lettre? Qui te l'a donnée? demanda tout d'un trait Colinette.

— Le commis de M. Rimbert, répondit Antoine.

— Du marchand de dentelles où est ta sœur? Oh! qu'est-ce qui peut lui être arrivé? s'écria Mme Watteau.

— Rien de mal, assurément, reprit Antoine; car j'ai demandé de ses nouvelles à Jules, le commis, et il m'a dit qu'elle était bien et, de plus, que c'était la meilleure ouvrière de la manufacture.

— Ah! tant mieux! dit sa mère; mais c'est drôle, une lettre me produit toujours de l'effet.

— Pauvre femme! comme tu te tourmentes! dit Watteau en prenant la main de sa femme dans les siennes. Que dirais-tu donc, si cette lettre de Rimbert, au lieu d'être, comme c'est probable, une commande à propos d'une couverture, d'un tuyau qui a éclaté ou d'un trou dans le toit, nous apprenait du mal de Madeleine, quelque chose qui nous fît honte, et si, Antoine ne sachant pas plus lire que toi et moi, nous étions obligés d'avoir recours aux voisins, à quelque voisin bavard et méchant comme Pillet, le doreur, qui s'en irait partout dans Valenciennes, en criant : « Madeleine Watteau est ceci! Madeleine Watteau est cela! » Hein! ce serait agréable, n'est-ce pas? tandis qu'Antoine est de la famille. S'il y a quelque chose d'ennuyeux dans la lettre, il gardera le silence.

— Mais si c'est quelque chose de bon?

— Dieu le veuille! Lis, mon fils, lis, » dit avec anxiété Watteau.

Antoine ouvrit la lettre et lut ce qui suit :

« *Jacques Rimbert, manufacturier en dentelles,*
*à Watteau, couvreur.*

« Votre fille Madeleine est la meilleure ouvrière de mon établissement.

— C'est justement ce que dit le commis, interrompit Colinette.

— Laisse-le donc lire, » dit le père.

Antoine continua :

« Elle est aussi la plus comme il faut, la plus soigneuse et la plus exacte de mes ouvrières. Mon fils Charles, voyant cela, comme moi et tout le monde, est décidé à l'épouser, et...

— L'épouser! interrompit Mme Watteau, l'épouser! Madeleine être la femme du jeune Rimbert, le plus riche manufacturier de Valenciennes! Je donne mon consentement, et toi aussi, Watteau, et toi aussi, Antoine, n'est-ce pas?

— Il n'est pas question de consentement, mère, dit Antoine, qui avait lu, des yeux, la fin de la lettre, et dont la belle et pâle figure exprimait la surprise et la peine. Écoutez le reste. »

Le père et la mère, frappés de l'expression de physionomie de leur fils, gardaient le silence.

Antoine lut :

« Et je vous écris pour vous dire cela, et aussi que je ne peux pas donner mon consentement à un tel mariage. Non pas parce que Madeleine est la fille d'un couvreur; je n'ai pas de pareilles préventions, tous les métiers sont bons et celui de maître couvreur en vaut un autre; mais je marierai mon fils à une personne qui aura de l'argent. C'est pourquoi je vous prie, monsieur Watteau, de reprendre votre fille et de fermer votre porte à mon fils. Quand il ne verra plus Madeleine, il l'oubliera, et je tâcherai, moi, de trouver pour mon atelier une ouvrière aussi habile que votre fille, ce qui, je l'avoue, ne sera pas chose facile.

Recevez, je vous prie, monsieur Watteau, mes respects et présentez mes compliments à votre femme.

« J'ai l'honneur d'être, etc. etc.

« JACQUES RIMBERT. »

— L'insolent! s'écria le père quand son fils eut fini. Ma pauvre Madeleine! » ajouta-t-il tristement.

Quant à Colinette, elle suffoquait. Un moment elle resta sans voix; mais la violence de son caractère reprit bientôt le dessus, et elle s'écria :

« Ah! il ne connaît que deux classes d'individus, ce

gentilhomme : ceux qui ont de l'argent et ceux qui n'en ont pas. Eh bien! si tu es de mon avis, Watteau, tu lui en montreras une troisième, ceux qui ont de bons poings et qui savent s'en servir.

— D'abord, ma femme, les miens ne sont pas assez lourds pour cela, dit Watteau, qui était chétif et délicat; ensuite ce serait un mauvais moyen pour marier notre fille que de battre les pères de ceux qui demandent sa main... Mais que fais-tu donc, Antoine, les yeux fixés sur la lettre? Est-ce que tu n'as pas tout lu? demanda-t-il en voyant le garçon plongé dans ses réflexions.

— Non, père, ajouta Antoine. Il y a un post-scriptum : le voici. Et les choses ne vont pas si mal que ça, elles pourraient même s'arranger. Écoutez :

« A la réflexion, comme votre fille est une excellente ouvrière et qu'une bonne et discrète ouvrière a toujours, dans son talent, sa part de fortune, je demanderai très peu, vous allez voir, mais je ne rabattrai pas un sou. A cette condition, je prendrai Madeleine pour belle-fille.

« Vous lui donnerez donc en dot la maison que vous habitez; mais, comme elle n'héritera pas tout de suite...

— Je l'espère bien! je n'ai pas envie de mourir de si tôt, interrompit M^me^ Watteau. Parler de notre mort! A-t-on jamais entendu chose pareille! Quel rude gaillard que ce monsieur Rimbert!

— Femme, dans les contrats de mariage, on traite toujours la question d'argent. Il ne faut pas en vouloir au vieux Rimbert pour ça. Ce n'est pas de la méchanceté, c'est une manière de parler courante et légale.

— Ça se peut; mais je n'en suis pas encore là avec lui. Continue, Antoine.

Antoine continua :

« Comme elle n'héritera pas d'ici quelque temps, vous servirez à votre fille la rente de votre maison, soit trente livres par an, que vous verserez entre mes mains.

— Est-ce tout? demanda Mme Watteau qui ne pouvait plus se contenir.

— Tout, répondit Antoine, et, en résumé, le vieux Rimbert ne demande que la maison. La chose n'est donc pas impossible.

— Mais il la demande tout entière, la maison ; tu ne comprends donc pas, Antoine?

— Parfaitement, mère, et il faut la donner.

— Et que deviendras-tu, toi, notre fils unique? Es-tu un fils indigne, pour que nous te déshéritions, mon pauvre enfant? dit Mme Watteau, en serrant son fils dans ses bras et en l'embrassant sur le front.

— Moi, je suis un homme, mère, reprit Antoine, et si, comme dit le vieux Rimbert, la moitié de la fortune d'une fille se trouve dans ses doigts, la fortune entière d'un homme est dans ses bras et dans son cerveau. Pour moi, je vous demande seulement la moitié de votre amour, mes chers parents; mais je ne veux pas qu'elle me soit enlevée, ajouta-t-il.

— Tu es un bon garçon, un bon garçon, Antoine, dit Watteau, les larmes aux yeux.

— Ah! tu le trouves bon, toi, dit Mme Watteau à son mari, et tu trouves que ce serait bien de donner une maison qui appartient à notre fils.

— Elle m'appartient, mère? s'écria Antoine.

— N'es-tu pas notre fils unique, et, d'après la loi, notre maison ne doit-elle pas revenir au fils et non à la fille?

dit Mme Watteau, surprise de l'air étonné d'Antoine.

— D'après la loi, mère, pas d'après la justice, reprit Antoine. Mais n'importe : puisque la maison m'appartient, j'ai le droit de la donner à ma sœur, et je la lui donne.

— Eh bien ! et toi?

— Oh ! ne vous inquiétez pas de moi, mère.

— Ne t'inquiète pas de lui, ma femme.

— Ne pas m'inquiéter de lui, Watteau ! Ne pas me tourmenter d'un enfant si faible, si délicat, d'un garçon qui ne peut rien faire, pas même brosser ses vêtements !

— Il peut brosser autre chose, ma femme, ne crains rien, s'écria le couvreur, en se frottant les mains d'un air satisfait.

— Quoi donc? ses souliers peut-être? En vérité, ils ne pourraient pas être mieux brossés! ils brillent comme du jais! Notre bon roi Louis XIV ne pourrait pas les avoir plus brillants!

— Non, femme, ce ne sont pas ses souliers, non plus, c'est autre chose. »

Et, comme le père et le fils se faisaient signe, la mère s'écria :

« Qu'est-ce que tout ça signifie? Est-ce que je vous gêne? Qu'est-ce que vous me cachez encore?

— Antoine et moi, nous avons à nous entendre à propos de la lettre du vieux Rimbert, dit Watteau.

— Oui da! Eh bien, allez! mais ne revenez pas trop tard, » dit la femme.

Ils étaient partis depuis dix minutes à peine, quand on frappa un grand coup à la porte.

« Quoi! déjà? s'écria Mme Watteau. Est-il donc arrivé un accident? » Et elle se hâta d'ouvrir la porte.

# III

## UN VISITEUR

M^me^ Watteau se trouva en face d'un homme grand et vêtu de noir de la tête aux pieds; ce qui, étant très rare alors, donnait à sa physionomie et à toute sa personne un grand air de distinction.

« Est-ce ici la maison de maître Watteau? demanda l'étranger en saluant poliment.

— Oui, monsieur, et je suis sa femme, reprit cette dernière.

— Est-il ici?

— Non, monsieur.

— Et son fils?

— Son fils? demanda la dame d'un air étonné.

— Oui, son fils, Antoine Watteau, répéta l'étranger.

— C'est bien son nom, reprit la dame; seulement il est sorti avec son père. Mais voulez-vous, s'il vous plaît, me dire ce que vous lui voulez?

— Volontiers, madame, répondit l'étranger, en suivant M^me^ Watteau dans une chambre qui donnait sur la rue, une chambre ordinairement très claire, mais déjà un peu

« Est-ce ici la maison de maître Watteau ? »

sombre, car le jour baissait... Ma bonne dame, dit l'inconnu en s'asseyant, j'ai vu les œuvres de votre fils.

— Les œuvres ! » répéta la mère.

L'étranger la regarda et continua.

« Chez maître Van Heims.

— Je ne savais pas que mon fils travaillait dans ce chantier-là, dit Mme Watteau.

— Dans cet atelier, reprit l'étranger.

— Atelier ou chantier, le nom ne fait rien à l'affaire, répliqua Mme Watteau.

— Je vous avoue, madame, que j'ai été ravi de tout ce qu'a fait votre fils.

— Je croyais que mon fils ne faisait rien.

— Comment, rien! Il surpasse son maître.

— Son maître! s'écria Mme Watteau avec un sourire d'incrédulité. Excusez-moi, monsieur; mais vous plaisantez! Son maître, c'est son père.

— Je croyais que maître Watteau était couvreur de son état?

— En effet, monsieur.

— Alors, s'il est couvreur, il ne peut pas être peintre.

— Qui est-ce qui vous dit qu'il est peintre, monsieur?

— Pardon, madame, je vois que nous ne nous comprenons pas. Voulez-vous me prêter un moment votre attention? Je m'appelle Célestin Morin, je suis un des décorateurs de l'Opéra de Paris.

— Oh! alors vous êtes un Parisien, monsieur! s'écria Mme Watteau, qui professait une grande admiration pour tout ce qui venait de la capitale de la France.

— Non, je viens d'Avignon; mais ça ne m'empêche pas d'être, comme je viens de le dire, un des décorateurs de l'Opéra.

— Qu'est-ce que c'est que ça, monsieur? » dit Mme Watteau, dont la bonne grosse figure exprimait les efforts qu'elle faisait pour comprendre.

Célestin Morin continua :

« J'ai connu, à Avignon, un peintre du nom de Van Heims, un bon garçon de mon âge, pas très fort peut-être en peinture, ni même en dessin, mais très fort en perspective.

— Ah! vraiment! dit Mme Watteau, sans trop savoir à quoi elle répondait.

— Vous comprenez, madame, reprit Morin, en s'adressant à la dame, qui ne comprenait rien du tout, combien je fus surpris de trouver mon vieil ami ici, à Valenciennes, non seulement enseignant la peinture, mais faisant des portraits. J'allai le voir, et, en visitant son atelier, j'aperçus une petite peinture, si fine, si gracieuse, que je m'écriai :

« — Ce n'est pas vous qui avez peint cela, Van Heims?

« — Non, » dit-il, et il me nomma le peintre, c'est-à-dire votre fils.

— Vous vous trompez, monsieur; je savais bien que vous vous trompiez, lui répondit la femme du couvreur. Mon fils a pris le métier de son père.

— Alors il y a d'autres Watteau à Valenciennes?

— Non, pas que je sache, monsieur. Je ne crois pas qu'il y en ait.

— C'est inconcevable! dit l'étranger. Quand j'exprimai mon admiration pour la perfection de cette peinture, Van Heims me dit :

« — C'est un enfant extraordinaire, à qui je m'intéresse beaucoup, car il en sait plus que moi, et je suis plutôt tenté de lui demander son avis que de lui donner le mien. »

« Naturellement je demandai le nom du jeune artiste, et il me répondit :

« — Antoine Watteau. »

— C'est certainement le nom de mon fils, dit Mme Watteau; mais mon fils n'est pas peintre, je suis heureuse de le dire. Il en a bien eu l'idée autrefois; mais ce n'était pas le métier que j'avais choisi pour lui, et je tins bon. Le père, voyez-vous, monsieur, pensait comme son fils et répétait :

« — Puisque c'est sa vocation, à cet enfant, pourquoi s'y opposer? Peintre, c'est un bon métier, c'est au-dessus de couvreur. »

Mais je dis :

« — Que m'importe que ce soit au-dessus ou au-dessous? Mon fils sera couvreur, et couvreur il est. »

— Puisque je me suis trompé, je ne vous retiens pas plus longtemps, madame. Je vous souhaite le bonsoir, dit Morin en se levant.

— Si ce n'est pas indiscret, monsieur, que voulez-vous à Antoine Watteau, qui a le même nom que mon fils? demanda la femme du couvreur, en allumant une lampe pour éclairer le jeune homme, car il faisait déjà nuit.

— Lui offrir un bon engagement, madame, répondit l'artiste parisien. J'ai besoin d'un aide. Ce jeune homme m'aurait aidé dans mes décorations; il est assez habile pour cela, et je lui aurais donné la table, le logement et trente livres par an.

— Trente livres par an! vous lui auriez donné trente livres par an! s'écria Mme Watteau, dont les mains tremblantes faisaient vaciller la lampe. Oh! que j'aurais été heureuse! Oh! que je regrette de n'avoir pas laissé mon fils être peintre! Mais c'est inutile maintenant. Bonsoir, monsieur. »

« Ah! si mon fils avait été peintre! se dit la pauvre femme après le départ de Morin, nous aurions tous été heureux! Antoine aurait sûrement donné de l'argent à Madeleine, et ce mal élevé de dentelier ne l'aurait pas refusée pour sa bru. Eh bien! nous pouvons dire qu'en ce monde nous ne savons jamais ce que nous voudrions ou ne voudrions pas avoir, ce que nous devrions refuser ou accepter. Là, l'autre jour, je ne voulais pas, et aujourd'hui!... »

Depuis une grande heure, Mme Watteau songeait à ce qu'elle eût gagné, et à ce qu'elle avait perdu, dans cette affaire du décorateur parisien, quand elle entendit son mari ouvrir la porte.

---

## IV

### LE REMORDS D'UNE BONNE MÈRE

« Oh! mon ami! s'écria-t-elle en courant à la rencontre de son mari, je mérite d'être grondée, injuriée, renvoyée de la maison comme la pire des mères. Tu vas me haïr, et mon fils aussi. Non, pauvre garçon! il a trop bon cœur pour cela; mais il va être si vexé! Et puis, quand même il me pardonnerait, je ne pourrais jamais me pardonner, moi, jamais de la vie!... Imagine-toi qu'un homme est venu... »

Mais, à ce moment, la bonne dame s'arrêta court. Derrière son mari, à côté de son fils, se trouvait l'homme dont elle allait parler. Enfin, s'enhardissant, elle continua :

« Eh bien! imagine-toi, Watteau, que le gentilhomme ici présent...

— Est venu offrir au jeune peintre, dont il a vu les peintures chez Van Heims, la table, le logement et trente livres par an, si ce peintre voulait aller avec lui à Paris, interrompit le couvreur.

— Comment le sais-tu? demanda la mère étonnée.

— Te rappelles-tu, Colinette?

— Oh! je sais ce que tu veux dire, Watteau, que j'ai empêché Antoine... Mais tu aurais dû, toi aussi, ne pas plus t'occuper de ce que je disais pour la peinture que tu ne l'as fait pour la lecture et pour l'écriture.

— Et s'il se trouvait qu'en effet je ne m'en suis pas occupé, ma femme? dit en souriant Watteau. Si, sans te le dire, j'avais conduit Antoine à un peintre, si ce peintre était Van Heims, et si la peinture que M. Morin a vue était de notre fils, notre Antoine Watteau; et si...

— Oh! je serais la femme la plus heureuse du monde! s'écria Mme Watteau.

— Et vous ne seriez plus fâchée, mère, que je ne brosse pas mon manteau et mes souliers comme ceux du roi Louis XIV, puisque, avec mes pinceaux, je peux payer la dot ma sœur?

— Je savais bien que tu l'aurais fait, dit sa mère.

— Tout le monde d'accord, alors, s'écria le père.

— Bonheur parfait! cria la mère.

— Succès complet! puisque j'emmène Antoine à Paris, dit Morin.

— Me prendre mon fils! s'écria Mme Watteau en se serrant contre son fils, comme si quelqu'un voulait le lui arracher.

— Que voulez-vous, mère! dit Antoine, les larmes aux yeux; il n'est pas de joie sans peine.

— Ma bonne femme, dit Watteau avec la douceur persuasive qu'on emploie envers les enfants et les personnes faibles ou peu raisonnables, nous devons aimer nos enfants pour eux, non pour nous. Voici M. Morin, un gentilhomme du grand monde, qui en sait plus que nous et qui veut bien emmener notre fils avec lui. Tu te rappelles qu'Antoine, pendant nos longues soirées d'hiver, nous a souvent lu l'histoire de pauvres jeunes gens qui, à force de génie, de travail et de persévérance, sont devenus de grands artistes, des hommes célèbres. Eh bien! ne serais-tu pas fière, dans une dizaine d'années, de sortir dans Valenciennes avec ton fils et d'entendre les gens dire en vous voyant passer : « Voyez-vous ce jeune homme, « vêtu de noir, à qui Mme Watteau donne le bras? C'est « son fils, le fameux peintre. Son père n'était qu'un cou- « vreur; mais lui, c'est un grand homme. Il est né à « Valenciennes. » Dis, ne serais-tu pas fière? »

Elle céda enfin et laissa partir son fils.

M. et Mme Watteau ayant accepté les conditions de M. Rimbert, le mariage de Madeleine avec l'héritier du riche manufacturier eut lieu.

Pour Antoine, il alla à Paris avec le décorateur de l'Opéra, Célestin Morin, et devint son aide.

Il n'avait que dix-sept ans, quand Morin fut relevé de ses fonctions et revint à Avignon.

Antoine, ne voulant pas retourner à Valenciennes et son talent étant encore inconnu, fut, comme Lautara, réduit à faire des dessins qu'il vendait vingt francs, quinze francs et même quelquefois six francs, enfin le prix qu'il en pouvait trouver.

---

## V

### UNE PEINTURE POUR SIX FRANCS

Un jour, il ne put même pas obtenir six francs d'une peinture qu'il venait de terminer. Déjà il l'avait offerte à deux marchands, et il hésitait à entrer chez un troisième. A la fin pourtant il entra, mais le marchand n'était pas seul : un jeune homme causait avec lui. Avec cette timidité qui plaît tant dans la jeunesse, Antoine s'arrêta sur le seuil de la boutique, tournant et retournant sa peinture dans ses mains, tant il lui déplaisait de s'exposer à un autre refus en présence d'un étranger, quand le négociant lui dit :

« Que voulez-vous, jeune homme? »

Antoine, forcé de répondre, s'avança et présenta sa peinture, en murmurant quelques paroles embarrassées, au lieu d'en demander un prix quelconque.

« Ah! cette peinture est à vendre, dit le marchand sans même la regarder, et le gentilhomme est peintre? ajouta-t-il en le toisant des pieds à la tête.

— Oui, monsieur, répondit Antoine, en rougissant au point d'en être incommodé.

— Et quel est votre nom? demanda le marchand.

— Je n'en ai pas encore, monsieur, reprit Watteau, dont la fierté blessée se redressa soudain; mais ce n'est pas une raison, ce me semble, pour refuser ma peinture.

— Ni une pour l'acheter, répondit le marchand avec insolence.

— Assez, monsieur! je n'insiste pas, dit Antoine, et il avança la main pour reprendre la peinture posée sur un chevalet.

— Excusez-moi, jeune homme, dit l'étranger, qui n'avait pas encore parlé. Je m'y connais un peu, en peinture.

— Un peu! ah! je le pense, maître Claude Gillot, » s'écria le marchand, avec le sourire aimable d'un homme flatté d'avoir dans sa boutique une célébrité.

La confusion d'Antoine redoubla quand il entendit le nom de ce peintre, qui avait alors une certaine réputation.

Claude Gillot, né à Langres, en 1673, était connu tant pour sa fortune personnelle que pour son talent comme peintre. Il mourut à Paris en 1722, et à l'époque de notre histoire il n'avait que vingt-neuf ans.

« Quel âge avez-vous? demanda Claude, en regardant la peinture, puis Antoine.

— Dix-sept ans, reprit celui-ci tout ému.

— Et qui est votre maître? » demanda encore Claude.

Antoine Watteau raconta ses premières études, quel motif l'avait amené à Paris et comment il vivait depuis quelque temps.

« Et vous vendez cette peinture ? demanda Gillot.

« Quel âge avez-vous ? » demanda Claude.

— Hélas ! monsieur, je ne la vends pas, puisque je n'en demande que six francs et qu'on me les refuse.

— Je vous en offre cent cinquante, dit Claude, en jetant sur le marchand un regard indigné.

— Vous ne voudriez jamais faire cela, maître Claude! s'écria le marchand. Ce jeune homme n'a pas de nom.

— Mais il a du talent, monsieur, dit Gillot, et avec cela il se fera un nom... Mon jeune ami, ajouta-t-il en s'adressant à Antoine, vous ne savez pas quel plaisir me fait votre peinture; mais vos vêtements, votre maigreur, le bas prix que vous demandez et dont vous paraissez vous contenter, me prouvent que vous n'êtes pas heureux... Comme confrère, je dois vous venir en aide. Venez donc vivre avec moi; vous serez mon ami, mon frère. »

Watteau, comme bien l'on pense, s'empressa d'accepter cette offre généreuse et ne tarda pas à surpasser son maître. Gillot alors le fit entrer chez Claude Audran, le fameux peintre ornementiste, qui habitait au Luxembourg.

Watteau peignait les figures des œuvres d'Audran et, se trouvant à proximité de l'atelier de Rubens, il étudia les belles compositions du grand maître, et acquit le charmant coloris et le bon goût qui le rendirent si célèbre dans ses dernières années.

C'est alors qu'il concourut pour le prix de l'Académie et le remporta. La peinture qu'il exposa avait déjà ce coloris brillant qu'on admire et qui lui est particulier.

Mais la fortune ne le favorisa pas encore. Il quitta Paris pour passer quelque temps dans sa famille. Là, il continua ses études et fit deux peintures qu'il exposa l'année suivante dans la galerie du Louvre, où passaient et repassaient les peintres de l'Académie.

Le grand Lafosse était alors à Paris.

Charles Lafosse, né en 1640, fils d'Antoine Lafosse, bijoutier, montra dès son enfance tant de goût pour la

Watteau. (Statue de Carpeaux.)

peinture, que son père le plaça dans l'atelier de Lebrun; et ses progrès furent si rapides, que le roi lui donna bientôt une pension et lui permit d'aller en Italie.

Un jour, Charles Lafosse, alors directeur de l'Académie de peinture, traversait le salon où étaient exposées les deux peintures de Watteau. Il les remarqua et demanda à voir l'artiste. Antoine se présenta.

« Que désirez-vous, jeune homme? lui demanda Lafosse.

— Aller à Rome pour me perfectionner, reprit Watteau.

— Vous perfectionner, mon jeune ami! lui dit Lafosse; mais vous en savez plus que nous tous ensemble. Demandez à être des nôtres, nous serons trop heureux de vous recevoir, et vous ferez grand honneur à notre Académie. »

Antoine se présenta. Les autres candidats, reconnaissant sa supériorité, se retirèrent, et il fut reçu à une grande majorité.

En 1720, il fit un voyage en Angleterre; mais le climat de ce pays ne convenait pas à sa faible constitution. Il fut obligé de retourner en France et, sa langueur augmentant, on lui ordonna la campagne.

Il se retira à Nogent, près de Paris, où il mourut en 1721, à l'âge de trente-sept ans.

Ses œuvres sont bien connues et très appréciées, surtout en France, où elles jouissent toujours de la faveur du public, et Valenciennes se glorifie d'avoir donné naissance à ce peintre illustre.

# TABLE DES MATIÈRES

## I

### GASSENDI, OU LE JEUNE ASTRONOME



## II

### JOSEPH RIBEIRA, OU L'ARTISTE ET SON CHIEN



## III

### AMYOT, OU LE PETIT VAGABOND

## IV

### ANTOINE WATTEAU, OU LE PETIT COUVREUR